〝世界一〟のカリスマ清掃員が教える

掃除は「ついで」にやりなさい！

部屋も心もきれいになる63のワザ

新津春子

主婦と生活社

はじめに

私は羽田空港で20年以上、清掃の仕事をしています。羽田空港は２０１３年と２０１４年に２年連続で「世界一清潔な空港」に選ばれました。国内外のお客様に快適な時間を過ごしてもらえるよう、毎日500人もの清掃スタッフが働いています。

２０１５年にＮＨＫの『プロフェッショナル　仕事の流儀』という番組に出演しました。放送後、清掃中にたくさんのお客様から声をかけられたり、同業者の方から「励まされました」という手紙をいただいたりと、とても大きな反響がありました。

清掃は、日の目を見ることがない裏方仕事。きれいにしたそばから汚れていくし、どれだけきれいにしても感謝をされることは少ないです。きついし、きりがないし、ときには危険。でも誰かがやらないといけない仕事。そんな、ふだん私たちがやっていることに対して、注目してもらえてうれしかったです。

空港の清掃は、安全性やスピードが要求されます。保安上、男子トイレにはゴミ箱を置けなかったり、使える道具も場所によって限定されていたり。国内はもちろん、文化の違う外国のお客様も利用するので、思わぬアクシデントやトラブルが起こることもしょっちゅうです。そのときどきで、掃除のやり方を工夫しながら、少しでも快適な空間にできればという気持ちで作業にあたっています。

落とせない汚れがあると悔しいから掃除については日々勉強。今では現場での作業よりも清掃スタッフへの指導などが主な業務になりつつありますが、一日の終わり、空港内をひと通りまわってゴミが落ちていないか、汚れはないかをチェックしないと、心が落ち着きません。

広大な敷地。行き交う国際色豊かな人々。大好きな飛行機。

空港という自分の職場がとても気に入っているので、隅々までピカピカにしたいなと思ってしまうのです。

本書では、私が自宅で行っている掃除法をご紹介します。

職場ではカンペキを目指しますが、家の掃除は「ラクちん」しています。特別な道具や洗剤も使いませんし、体力も使いません。日頃の掃除はタオル1枚でだいたいすませます。

合間をみて、ササッ。何かの〝ついで〟にササッ。

めんどうくさいな、と思ったら、やれるところだけ。ほかは後回しでもOKと、キッパリ割り切る。

1か所でも、たった3分でも掃除ができた自分をほめる。

そう、掃除は肩の力を抜いて、「キレイになるから気持ちいい、楽しい！」って思えることが一番大切。毎日しなきゃいけないと思い込んだり、忙しいしめんどうくさい、と思ってしまう人が多いでしょうが、「疲れずに合理的に掃除ができるポイントやコツ」があることを知っておくとよいですね。

「掃除は優しさ」。

そのことに気づかせてくれたのは、羽田空港という職場を紹介してくれた専門学校時代の恩師でした。自分だけが満足する掃除ではなく、相手をイメージした掃除をしなさい、と。

相手というのは、人だけでなく、モノも含まれます。机ひとつ磨くにしても、材質を見極めずに適当なやり方で拭き上げるならば、本来のツヤ、輝きは出てこないでしょう。少しでいいから、気を働かせ心をこめると、まったく仕上がりが違うんですね。

掃除を簡単に済ませるためのテクニックを伝える本は世の中にたくさん出ていますが、この本では私なりのワザをご紹介するだけでなく、私が掃除から教わったこともお伝えできればと思っています。

掃除が苦手な人やキライな人が、「掃除って意外に面白い！」と思ってくれればいいな、と願っています。

新津春子

目次

1章

気軽に楽しく！〝新津流〟掃除の心がけ

2章

「掃除が苦手な人」必見 掃除ラクラク段取り術

3章

いつもスッキリ、気持ちいい！

キッチン&リビングの掃除

4章

浴室・トイレ・洗面台の悩みを一気に解消
サニタリーの掃除

5章

家の印象をグンとアップ

玄関・ベランダ・庭の掃除

1章

気軽に楽しく！

“新津流”掃除の心がけ

隅々までキレイにしようとグッタリ疲れたり
やってはみたものの三日坊主で終わったり……
そんな経験はありませんか？
お掃除ライフがもっとラクになる
ちょっとしたコツをマンガとともにお届けします。

心がけ 1

「ついで」上手は「掃除」上手

まず掃除道具はすぐ手に取れる場所に！
そうか！まず奥にしまってるからめんどうなんだ
ガサゴソッ
たとえば朝の出勤前
「動線にそって」
「目線より下」を
ついでに掃除しちゃう！
ふだんから通る場所は汚れやすい場所
目線から下は手アカや脂がつきやすい場所
ここだけでもきれいにしていれば汚れはほとんど定着しませんよ～！
なるほど、これなら私でもできそうですーー！

心がけ 1 解説

毎日の掃除は完璧じゃなくていいんです。「見える所」「触れる所」だけやれれば十分。

自分にとって〝腰の重たい家事〟にしないことが大切。負担を減らしてピカピカに！

掃除ってやりたくないなあ、と思う家事のナンバーワンではないでしょうか。

実は私も掃除の仕事を始める前は掃除ギライ、家事ギライ。親もとで暮らしているときはお茶碗ひとつ洗ったことがなかったんです。掃除は義務感でやると、本当にツライ！　でも掃除をしたあとの気持ちよさは誰でも知っているんですよね。ちょっとした一歩、がどれだけ毎日のなかで気軽に踏み出せるか、が大切なのだと思います。

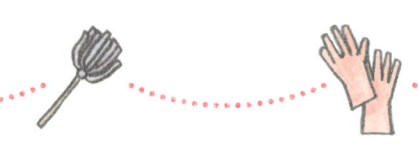

そのためには、「わざわざ掃除をする」という感覚をなるべく持たないこと。

私の場合、日中は仕事でまとまった時間が取れないので、朝、気になる場所や目につく場所をちょこちょこっとだけ掃除しています。たとえば出勤前の夫を見送るつい

でにタオルで廊下や手すりなどの人が通るところ、触れるところをサーッと水拭き。最後に玄関ドアの取っ手を拭きます。そのあと歯を磨きながら洗面台の鏡を乾拭きしたり、トイレに入ったついでに床まで拭いたり。**たとえ30秒間であっても、こうしたなにかの〝ついで掃除〟を積み重ねることで、忙しくても疲れていても、部屋を快適に保てるんですね。家じゅうを毎日ちゃんと掃除するなんて、清掃のプロの私でも無理ですし、〝わざわざ掃除〟じゃなくて、〝ついで掃除〟こそが家庭の掃除のキホンだと思っています。**

ポイントは「動線にそって」「目線より低い場所を」掃除すること。動線とは人がよく通る場所のことで、ホコリや髪の毛などが落ちやすいもの。毎日、ここだけでも掃除するとかなり汚れの溜まり方が違ってきます。

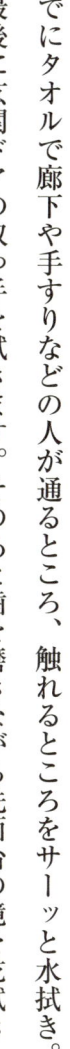

目線より下の低い場所を気にするとよい、というのは、ふだん手足で触れることが多く手アカや皮脂などの汚れがつきやすいから。気になる所だけを毎日軽く水拭きすれば汚れはほとんど定着しません。

掃除を負担にしないコツとしては、掃除用具をすぐに手に取れる場所に置いておくことも重要。掃除が苦手という方で、掃除機を分解して納戸の奥にしまっているなど、

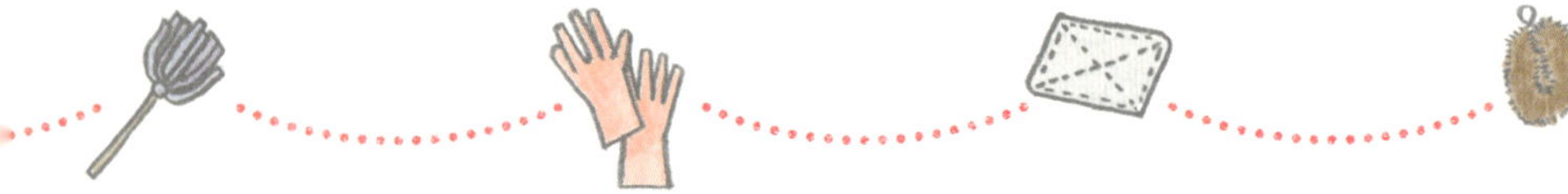

掃除そのものより準備がめんどうで嫌になってしまっている方は多いもの。私は掃除機を組み立てた状態で、リビングの端にいつもスタンバイ。ホコリを見つけたら、サッと掃除機をかけられるようにするためです。お客様が来たときは出しっぱなしはみっともないのでさっとしまえるよう、クローゼットの一部を空けてあります。

ついで、といえば、私は移動中の電車や車の中も有効活用。手持ちぶさたのときには、化粧ポーチの中に入っている手鏡をクロスで磨いたり、口紅などの容器をティッシュペーパーで拭いたり、スマートフォンの画面をピカピカにしたり。

身近なものがきれいな状態だと心までクリーンになった気持ちがし、心が落ち着きます。

一般的に、家庭で気をつける掃除のポイントは「ホコリ」「湿気」「ニオイ」。日頃の掃除ではこれらに気をつければOKです。

まず、毎日発生するやっかいな汚れが「ホコリ」。衣類や布団などの生地から出る繊維が空中に散り、低い場所に溜まっていきます。ホコリはコンセントに積もると火災の原因になるなど危険なことも。テレビ裏の配線が集中する部分は日頃気づきにくい場所ですが、こまめにホコリを払いましょう。

次に、雑菌やカビが繁殖する原因となる「湿気」。湿度の高い状態が続いて結露が出ると、家が傷んでしまいますし、ホコリと結びつくとこびりつき汚れに進化して取れにくくなります。

「ニオイ」も見えないものだけにやっかいです。閉じられた空間にニオイはこもるので、空気の流れをよくすることが一番の対策。晴れた日は窓を開け、外気を取り込むようにします。対角線上にある窓やドアを開けると、風通しがよくなります。

家の中でもできるだけ閉ざされた空間を減らすようにしましょう。わが家ではトイレは使っているとき以外は少しだけドアを開けていますし、各部屋のドアやクローゼットの扉もできるだけ、すべて開けてから外出します。

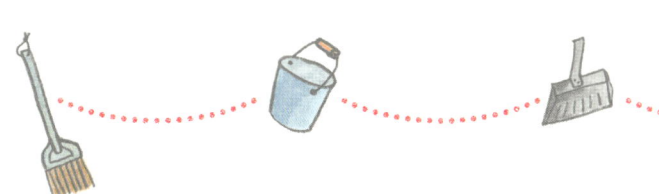

心がけ 2

小さなスペースから取りかかろう！

たとえばクローゼット!
五・七・五
いつ着るの? 着られないでしょ この体型
ムチーーン
ポイントは明らかな不用品がある場所から手をつけるのよ〜!
不用品を処分したら……
あ! 空きスペースが!
この空いたスペースをタオル1枚、ハンディー掃除機ひとつで簡単に掃除すれば……
ピカーー
スッキリ達成感ーー!
そう、それが一番大切なんです 片づけは小さなところから徐々に拡大!

心がけ2

解説

片づけてから掃除しよう、と思わない！モノの多さと部屋の輝きは別です。

無理にモノを捨てる必要はないのでは、と思います。気持ちよく住めればいいのだから。

「掃除」と「収納」はセットで考えられることが多いように思います。もちろんモノを整理しないと、掃除するスペースが生まれてこない、というのはあるのですが、ともするとこれが掃除への苦手意識の原因になってしまっているのかも。

つまり、「掃除をする前に、まず家じゅうを片づけなければ」「そのためにはモノを減らさなければ」という思い込みが掃除をおっくうなものにしているのでは？　と思うのです。

私は清掃を仕事にしているプロなので、家の中はモノが少なく、シンプルに片づいているというイメージを持たれるかもしれませんが、それほど……でもありません

……というか、正直、モノが多いです！　洋服や旅行のおみやげ、夫の趣味で集めている料理道具など、どれも大切で片づけられません。それでもこまめに掃除をして清潔を保ち、こうした大好きなモノに囲まれて過ごしているわけですから幸せです。

　モノを捨ててスッキリ暮らすというのは理想的な生活のイメージなのかもしれませんが、私には無理そうです。

　大事にとってあるモノには思い出が詰まっていたり、誰かの愛情を表すものだったりと、とっておきたいだけの理由があるはずなので簡単に手放せない……のであれば、無理して捨てる必要はないと思います。

「モノがいっぱいで、どこを掃除していいかわからない」人は「小さなスペースからきれいにする」という発想を持ってください。たとえば冷蔵庫。賞味期限切れの食品を処分する。たとえばクローゼット。サイズの合わない服を処分する。こうして家の「あきらかな不用品のある場所」から手をつけます。

　大切なのは、小さな所を掃除して、「やればできる」と思うこと。そうすれば家じゅうに「きれい」が拡大していきますよ。

心がけ 3

掃除の大事な相棒、道具に優しくなる！

たとえば油汚れなどの酸性の汚れには
油
アルカリ性
アルカリ性洗剤を使うと、溶けやすくなりますね
また料理同様「道具のお手入れ」も重要ですよ～
ギクッ
どうせ汚い所に使うものだからいいやなんて思ってな～い？
掃除機ひとつにしても、掃除機のヘッドの部分をきれいにしておくと、吸引力が違います！
ズオーーーッ
プヒョオ～
最近掃除機のやる気を感じないと思ったらそれが原因か！
亀の子ダワシなんかも中に詰まった繊維クズをたたき出してから使わないとかえって汚れを付着させちゃうのよ
掃除は道具選びとメンテナンスも大事なんですね！

心がけ3 解説

掃除は料理と同じです。使いやすい道具を選べば腕が上がります。

道具に対しても優しさが大事。きちんと手入れすれば手になじんできます。

掃除の効率や仕上がりを大きく左右するのが、道具です。

清掃現場では、あらゆる汚れに素早く対応するため洗剤を使い分けますが、家庭用では汎用性のあるいくつかの洗剤と、道具があれば十分。**掃除が苦手という人から「どんな掃除道具がおすすめですか」と聞かれることがありますが、極端な話、一般家庭ならタオル1枚あればだいたいの場所はきれいになる**ものです。そう、わざわざ「ぞうきん」は用意しなくていいのです。私は、薄手のタオル、長めのタオル、ハンドタオルなどのいろんな種類を使い分けて、職場でも家庭でも対処しています。

道具についてはのちほど詳しくご紹介しますが、要は汚れの特性に合わせて掃除道

具を使い分けることと、長持ちさせるためにメンテナンスすることがポイントです。
たとえば、料理と調理道具の関係をイメージすると、わかりやすいかもしれません。煮物や焼き物を作るとき、それぞれ用意する道具は違いますよね。また使いやすい重さやデザインも、調理する人の体力や好みによって違います。作る人とその料理にとって最適の道具を使えば、簡単に作れておいしく仕上がります。

また料理同様、「道具のお手入れ」も重要なのですが、意外と気にしていない人が多いようです。たとえば掃除機ひとつにしても、お手入れなんてめったにしない、のでは？　私の場合、吸引力が下がらないように掃除機のヘッドの部分は使うたびにきれいにしていますし、ゴム手袋は使用後は必ず、内側の指の先もていねいに洗って干しています。

ちょっとめんどうくさいな、と思うかもしれませんが、道具の使い方の説明書をちゃんと読んでから使ったり、ケアしたりして、道具のことを気にかけながら掃除すると気分よくできるし、何より掃除が効率的になります。

心がけ 4

トイレ掃除で気持ちもスッキリ

ビシィッ
ずばり掃除のポイントは、「ニオイ対策」！
ニオイ対策といえばこれでしょ！
芳香剤！
プ
芳香剤に頼るのはあまりおすすめできません
悪いニオイにいいニオイをかぶせているだけなので根本的な解決にはならないからね
常に換気をしっかりすること
換気扇はホコリを取って換気力をキープすること
汚れがある限り、ニオイのもとになるから
便器の縁裏まできれいにしてニオイを退治しちゃいましょう！
トイレがきれいだと運が開けるっていいますしね！

心がけ4
解説

トイレをきれいにしている家で他の場所が汚れている家は見たことがありません。

ひとりっきりになれる場所を清潔に快適にキープできるっていい暮らし方につながる気がします。

トイレは家の中でも、手強い空間です。

狭くて小さなスペースなのに、家族全員が必ず毎日使う場所です。狭いということは、ホコリが溜まりやすく、汚れが目につきやすい場所ということ……つまり用を足すときに、手持ちぶさたでついあちこち目で追ってしまうんですね。訪れたお客様から、きれいさを確認されやすい場所なのです。

掃除のポイントも、ニオイ対策にあります。用を足すときに換気扇をかけるのはもちろん、換気扇がなければ窓を開け、留守のときも少しはドアを開けておきます。換気扇にホコリが溜まると空気を吸わなくなるので、こまめに取り除きます。外出する

ときは、トイレの水タンクにトイレ掃除用の酸素系漂白剤をほんの少したらしておくと、ニオイのモトとなる菌の繁殖をおさえられます。

掃除は「やらなきゃいけないのにやっていない」というあせりがわきがちなのが、やっかいなところ。自分を責める気持ちが積もり積もると、掃除がさらにめんどうになり、どんどん汚れが溜まっていってよけいに掃除がめんどうになってしまうという魔のループにはまります。トイレは、誰しも「掃除したくない」から、そうなりやすい場所。だからこそ、きれいだと気分が上がります！　つまり**トイレを毎日きれいに保てる人は、かなりの掃除上級者。もし同居している人や家族がほめてくれないなら、自分をほめてごほうびをあげてくださいね。**その価値は十分にあります。

よく「トイレ掃除をすると運が開ける」とか「幸運の神がいる」などと言いますよね。あまりおまじないを信じるほうではありませんが、汚い場所の掃除をいとわないフットワークの軽さ、みたいなものが、よい生き方につながるのかもしれません。私の経験上、「トイレ」と「玄関」がきれいなお宅は、家じゅうどこもピカピカ、そしてなぜか家族どうしも仲良しです。

心がけ 5

汚れない「仕組み」を作る

いつもスッキリ！ぬめぬめしない！
キレイな排水口なら毎日の掃除もイヤじゃないかも
ホコリが溜まりやすい場所に、ホコリよけのカバーをつけたり
冷蔵庫の中に新聞紙を敷いて汚れても取りかえるだけでいいようにしたり
汚れない「仕組み」を作ることが大切です！
「虫歯」にならないために「歯磨き」をするのといっしょですね
なるほど～！虫歯も汚れも予防が大事！

心がけ 5
解説

「どう落とすか」より「いかに溜めないか」。私たちプロは予防掃除が大切、と思っています。

汚れを虫歯と考えてみて。症状が出ないうちに手を打てばひどくならないんです。

掃除には2種類あることをご存じでしょうか。

私たちがいつもやっている、汚い所をきれいにするのは「事後掃除」といいます。それに対して汚れさせないための作業が「予防掃除」。汚れないように養生をしたり、汚れが軽いうちに手を打っておくということです。トイレの床はこまめに水拭きをして雑菌を増やさないようにするなど、「心がけておくとのちのちラクなこと」をまとめてそう呼びます。

事後掃除はもちろん大事です。

でも汚れたら掃除、ということを繰り返しても、根本的な解決にはなりませんから、また汚れてしまうんです。「汚れがどうしてそこについてしまうのかな」、「汚れを発生させないためにはどうしたらいいのかな」という根源に気づいたり、汚れない「仕組み」を作ることが大切です。

掃除をするとき、単についた汚れを取るだけではなく、汚れにくくするための工夫もいっしょに考えられると理想的です。

汚れは時間が経つとかたくなり、そこに汚れが積み重なってこびりつきがひどくなります。力いっぱいゴシゴシしたり強い洗剤を使うことで、素材そのものを傷めてしまうこともあります。汚れは目に見えてしまう状態になるともう遅い！　**予防掃除は一見、めんどうくさく感じるかもしれませんが、やらずにほうっておいて、後で何倍もの手間や時間をとられる事後掃除にくらべ、ずっと効率的に清潔を保てますし、環境にもエコ**なんですね。

予防掃除を特別なことにしてしまうと腰が重くなってしまうので、日常の習慣のなかに組み込んでしまって、自然と手が動くようになるといいですね。

そう、虫歯予防のために、食後に歯を磨くといったように「ルーティン」にして、掃除を「イベント」にしなければ後回しが少なくなるのです。

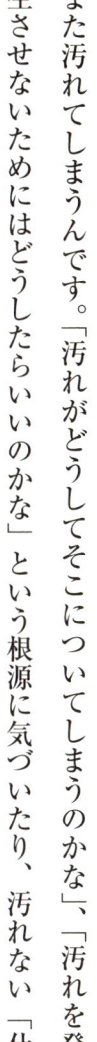

心がけ 6

掃除は相手への思いやり

自分が快適に過ごすためというのはもちろん
このふかふかのお布団で眠ったら熟睡できるだろうな
とか
清潔なキッチンでおいしい料理を作って長生きしてもらいたいな
とかと同じ
掃除で誰かを確実に幸せにできるんですよ
体力づくりにも役立ちますしね！
一石二鳥！
きれいな空間は誰をも落ち着かせます！
落ち着く空間は居心地がよく、愛されます
家族団らんを掃除は招きますよ
やる気出てきた！
掃除は幸福の招き猫ですねー！
福

心がけ 6 解説

掃除はなんためにするの？苦痛だなぁと思うときは……。

「誰かを幸せにできる」うえに、体力づくりに役立つなど自分にもいいことがいっぱい。

家で掃除をしていて、「なぜ私ばかり？」と感じてしまうこと、ありませんか？

私も仕事上でならお客様から「ありがとう」と声をかけていただくこともありますが、家ではお礼を言われたり、ほめてもらったりすることってほぼゼロ。掃除って毎日やっても、その成果に気づかれないのでちょっとムナシイんですよね。

掃除ってなんのためにやるのかなって考えると、自分が快適になるのはもちろん、家族を安心させたい心の表れかな、と思うのです。

誰でもきれいな空間にいれば落ち着きます。すると家族もますます家にいること自体を好きになって、幸せな空気が流れます。心地よい部屋をキープできていると、家

族も部屋をきれいに使おうと思うのか、あまり汚さなくなります。

「幸せが自分にかえってくる」と思うと、掃除が苦になる気持ちが少しは減るように思います。

掃除のメリットは他にもあります。

たとえば私の場合「体力づくり」。歩数計をつけて仕事をしているのですが、だいたい1日1万5000歩から2万歩、おなかとお尻を締めるようにしながら歩いています。ぞうきんをしっかり絞れるように、暇さえあれば手のひらをグーパーするエクササイズも。それに、清掃は工夫の余地がたくさんあるので、けっこう頭を使います。

また、ときに清掃はチームで行う作業になるので、誰にどう指示をすればよいのか、伝え方にも心を配ります。これは家事を家族にも手伝ってもらいたいときにも応用。ただ「こうして」とお願いするのは、「指示」で、相手も心地よく、的確に動いてはくれません。なぜその動作をしてほしいのかという理由をつけたしてお願いすることを大切にしています。

何事も心を込める、ということが大切なんだなあと、掃除という作業を通して考えさせられます。

新津式ウラ技

「湿り拭き」でラクをしよう

まず濡れたタオルを乾いたタオルではさんで絞り、
濡れタオルの水分を乾いたタオルに移したもの
濡れタオルを絞ったものよりも湿り気が少なくなります
乾いたタオル
濡れタオル
わぁ簡単でしっとり！
これで拭くと……
ホコリが舞わない！
適度な水分がホコリをすり込まずにタオルにキャッチ！
「すじ」ができない！
二度拭き不要!!
これなら簡単！誰でもできそう！
力もいらないし
シンプルでエコなお掃除、おすすめですよ！

「タオルのワザ」は次の章でご紹介！

COLUMN

「世界一清潔な空港」と認められた羽田

おもてなしの心で隅々までピカピカにしています

羽田空港は国際線・国内線ターミナルを合わせると、延べ床面積は78万㎡にも及びます。そこを約500人で清掃しますが、毎日国内外からたくさんのお客様が訪れますから、汚れも相当なもの。

文化の違いもあります。外国のお客様が不慣れなトイレで汚してしまうこともありますし、日本は大変湿度が高いので、到着されてすぐトイレで洗髪をされる方も。それで排水口が詰まってしまうこともありますが、大々的な注意書きなどはありません。その代わりに何かあればすぐに私たちが駆けつけ、キレイに清掃するのです。世界でも有数の清潔さと快適さを誇る羽田空港には、日本ならではのおもてなしの心が表れていると思います。

2章

「掃除が苦手な人」必見

掃除ラクラク段取り術

汚れの種類や掃除道具、知っているようで
意外とテキトーだったりしませんか？
掃除への苦手意識をなくす第一歩は、
〝相手〟をよく知ることから！

ラクラク 段取り1

汚れの種類はたった3つ!

「固形」「水性」「油性」を見分ければ手間と洗剤の量も減らせる!

一般家庭でよく見られる汚れには、左の表にあるようなさまざまな種類があります。

でも、家庭の掃除をするときには、これらの汚れは「固形」「水性」「油性」のたった3つに分ければよいだけです。汚れの性質に合わせた掃除をすることで、よけいな手間をかけたり、必要以上に洗剤や道具を使わずにすみます。

ホコリなどで固形の汚れは、いきなりこすり落とそうとすると細部に入り込んでしまうおそれがあるので、まずはブラシで払い落とすのが基本。

水性汚れは、軽いうちならお湯、ぬるま湯での水拭き(湿り拭き)で落とせます。洗剤を使う場合は、中性洗剤が適しています。

油性の汚れにはアルカリ~弱アルカリ洗剤が適しています。洗浄力が強いので、ゴム手袋を着用するようにしましょう。

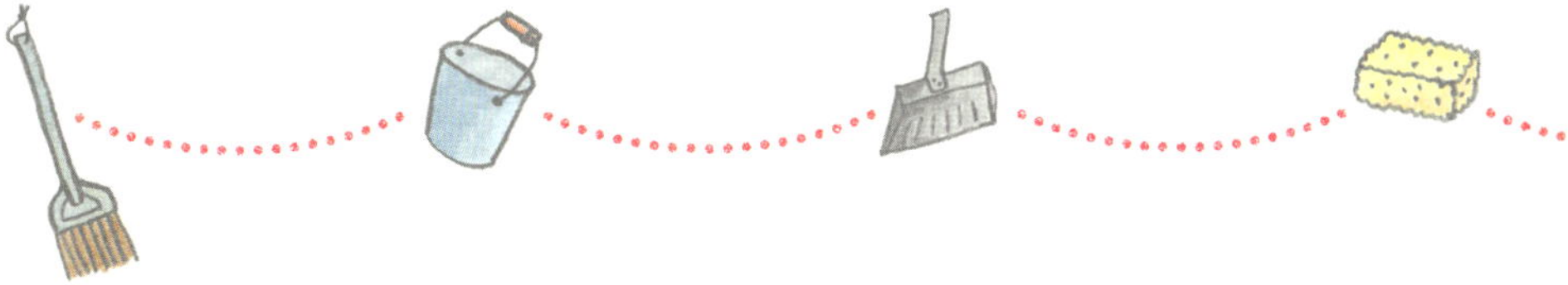

家庭によく見られる汚れ

ホコリ
繊維クズや髪の毛、ダニ、カビなど空中に浮遊していたり、床に落ちているものの総称。

砂・泥
靴裏について運ばれたり、窓から入ってくる砂ボコリや土砂。水分を含むと広がりやすい。

髪の毛・フケ
毎日数十～数百本抜けるとされる髪の毛や、頭皮からはがれたフケ。特に寝室に残りやすい。

水アカ
水道水に含まれるミネラル成分が残ったもの。水周りに出やすく、白く固まって残りやすい。

石けんカス
水中のカルシウムイオンと石けん成分の脂肪酸ナトリウムが反応して発生してできる白っぽい汚れ。

油汚れ
キッチンのコンロや換気扇周りに残りがちな油汚れ。時間が経つとホコリを含んで粘りつくことに。

タバコのヤニ
タバコに含まれるタールは着色力が強く、壁に付着して固まると壁紙が黄ばんだり、悪臭の原因に。

尿石
尿に含まれる成分が残留して固まった汚れ。便器や配管だけでなく、床への飛び散りにも注意。

雑菌
水や空気中に存在する微生物。たくさんの種類があり、カビのエサになったり、悪臭の原因にも。

食べカス・こぼした飲み物
壁や床についた食べ物や飲み物の汚れ。食品によっては油分を含み、掃除機でも吸い取りにくい。

サビ
金属を長時間水につけると発生。樹脂などでも鉄製品に触れてサビが移ることがある（もらいサビ）。湿度が高い所は要注意。

皮脂汚れ・手アカ
手足の触れた部分についたアカや汗、皮脂などの汚れ。ドアの取っ手やスイッチなどにつきやすい。

カビ
温度や湿度などの条件がそろうと発生。窓ガラスや壁、タイル目地などに生え、アレルギーの原因にも。

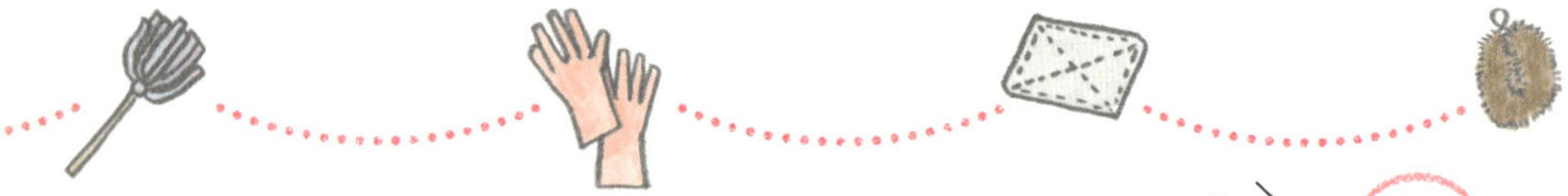

ラクラク 段取り2

洗剤は場所別に持つ必要ナシ！

基本の5種類があれば便利です。

私の働く清掃会社では、空港を美しく保つために多くの洗剤を使い分けます。でも家庭で用意するのは、左ページの多用途に使える5種類だけそろえれば完ペキです。これらを単体または組み合わせて使うことで、家庭でのほとんどの汚れはきれいに落とせます。ただし酸性洗剤と塩素系洗剤を混ぜてはいけないなど注意が必要な組み合わせもありますので、商品説明をよく確認してください。

トイレにはトイレ用洗剤、お風呂には浴室用洗剤……と場所ごとに専用の洗剤を使わなければならないと思い込んでいる方も多いですが、左ページの5種類を用途に合わせて使えば十分。むしろ専用洗剤をあちこちに用意することで管理がめんどうになったり、使いきれずに捨てて環境をムダに汚したりすることにつながるおそれもあります。数や種類を絞り込んだほうが長く続けられるのではと思います。

いろいろな用途で使える!

「おすすめの洗剤」

食器用洗剤

手軽に使える中性と、油汚れに強い弱アルカリ性の2種類がある。汚れに合わせ、水で適宜希釈して使うのがおすすめ。

クエン酸

酸性。水アカやカルキを分解する働きを持ち、特に水周りの掃除で活躍。抗菌・消臭効果がある。

重曹

弱アルカリ性。水に流しても環境に負担をかけない。セスキより洗浄力は劣るが、性質が穏やかで手軽に使える。

セスキ炭酸ソーダ

弱アルカリ性。皮脂や手アカ、油、血液、カルキなどさまざまな汚れ落としに。浸透性が高く、水に溶けやすい。

クレンザー

研磨剤入りの界面活性剤。こびりついた汚れをこすり落とすのに効果を発揮するが、素材により傷がつく場合も。

ラクラク

段取り3

道具は極論、タオル1枚でもOK!

家にある道具は、意外に使いこなせていないもの。掃除の完成度を決める、大切なアイテムです。

　P24でも触れたように、家庭での掃除には特別な道具は必要ありません。大切なのは、適切な洗剤の量を知り、道具を正しく使い、メンテナンスしていくことです。たとえば拭き掃除をするにしても、タオルを適当にくしゃっと丸めて使うのと次頁のように折りたたんで使うのとでは、かかる手間も仕上がりも大きな差がつきます。掃除に「ただ、なんとなく」は禁句。道具を使いこなせないと出るはずの効果も半減です。プロの清掃では道具の効果的な使い方やお手入れ方法があるので、一部ご紹介します。どこにでも売られているような価格の安い道具でも大切に扱えば、長く活躍してくれますよ。

タオルがあれば家じゅうピカピカ

プロは長さ、厚さ、大きさ、素材別などで用意

基本の拭き掃除に使うのは、使い古した綿のタオルで十分。ぞうきんに縫い直さず、そのまま使ってOKです。

素材は綿を基本にお好みで。長さ違い、厚み違いで複数そろえると重宝します。キッチンは青、リビングは黄色といったふうに場所や用途別に色を分けるとわかりやすく、家族が使うときも間違えにくいですよ。

ムダなく面を使うための「折り方」

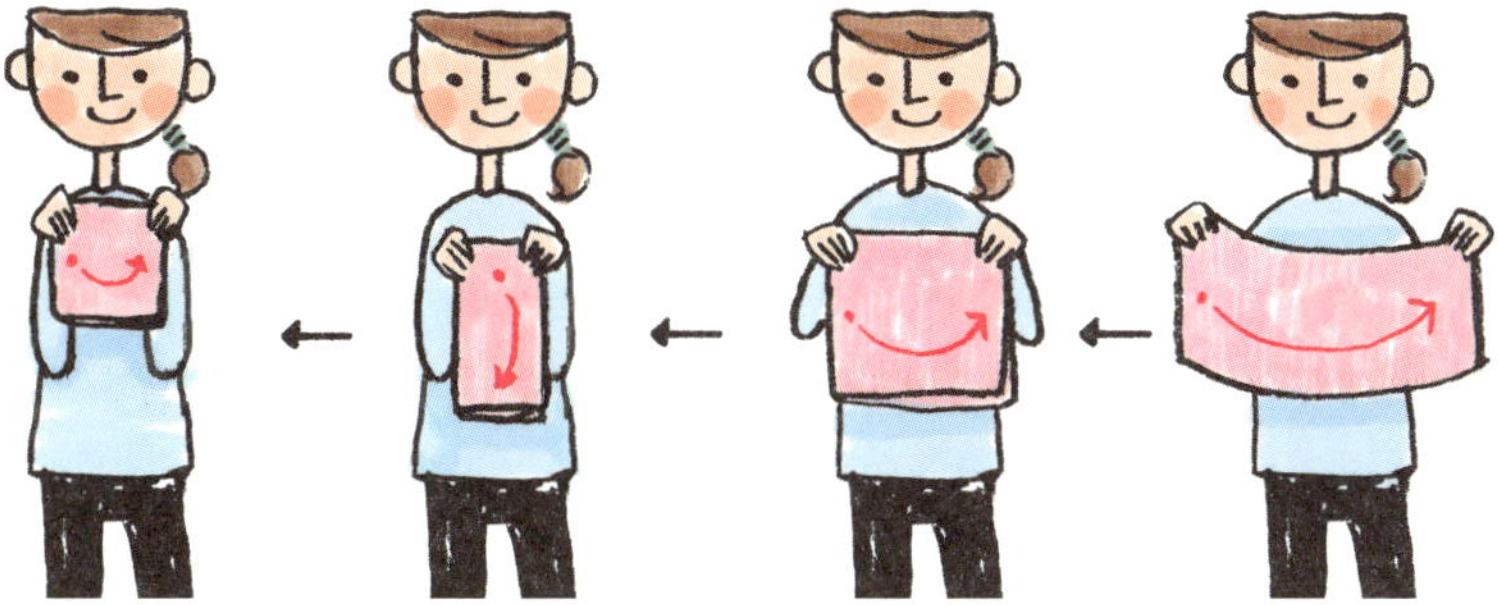

タオルは「８つ折り」で使用する。タオルを広げて両端の上部をそれぞれつまんで持ち、横に２つ折り→横に２つ折り→縦に２つ折り→横に２つ折りで完成。最終的に手のひらサイズの長方形になる。表裏16面できるので、１面ずつ使うことで、掃除の途中で洗ったりたたみ直しをする手間と時間を大幅にカットできる。

一度でスッキリ！

「タオルの持ち方」

平面を拭く場合

手のひら全体で力を入れられる持ち方

無理なくムダなく拭くために、できるだけタオル全体に力が均等にかかるようにします。手を伸ばして届く範囲は、下記のようなタオルの持ち方で。全面でしっかり拭けてムラのない仕上がりになります。

段差を拭く場合

拭き残しなく一度の作業で汚れが落ちる持ち方

壁の隅や柱など段差や角度のある場所は力が入りにくいのが難点。そこで縦に2つ折りにした細長いタオルを利き手に巻きつけて、

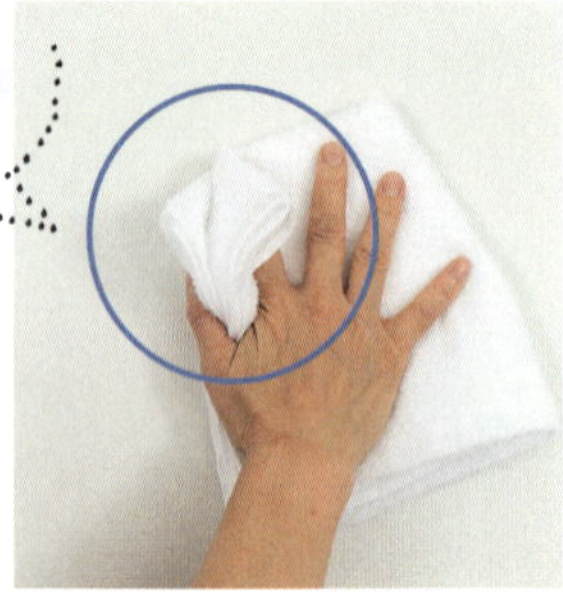
バラけやすい
所を親指で
ホールド！

8つ折りにしたタオル（P47参照）の全体に手のひらをのせ、親指で端をしっかりはさむ。大切なのは手のひら全体で拭くこと。これでタオルが途中で崩れない。

薄手のタオル
1枚を
長く持つ！

高い場所などどうしても力が入りにくい場所は、ひも状にしたタオルの両端を持って拭く。ブラブラしないのでバランスをとりやすい。

もう片方の手で引っぱりながら拭いていきます。タオルが手にフィットするので、しっかりと力を込められます。

段差をとらえるための持ち方はこちら

サッシなど細かな段差がある場所は、段差ごとに上から指を当ててタオルを上下にすべらせることで、拭き残しが防げる。

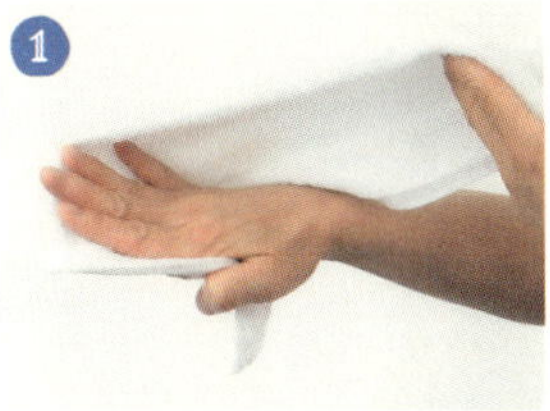

1 縦2つ折りにしたタオルの端に利き手を当て、親指でずれないよう押さえる。人さし指にタオルの端を巻きつける。

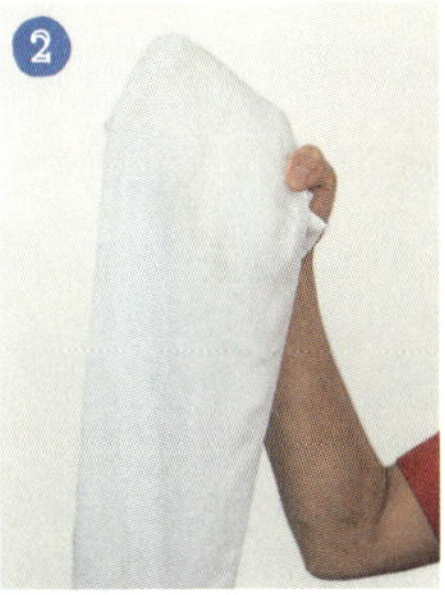

2 もう片方の手でタオルを引き、そのまま手前に下ろすと、写真のように前に長くたらした状態になる。

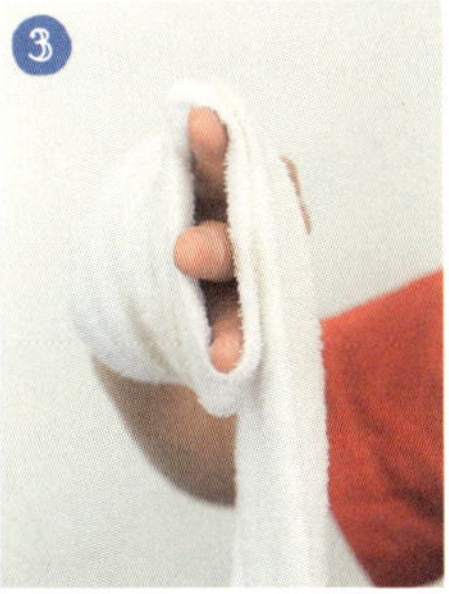

3 横から見た状態。人さし指にはタオルがふた巻きされているはず。残りの指は適度に間隔が開いている状態。

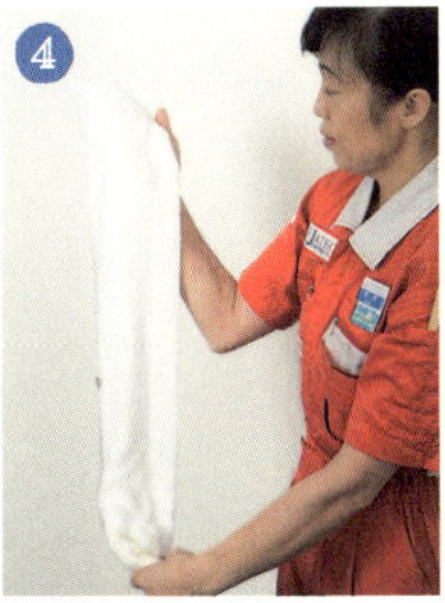

4 完成。拭くときは手のひらに接している部分を使う。汚れたら裏返して巻き直せば、1枚で計8回使える。

拭き残しのない

「テーブルの拭き方」

リビングテーブルや食卓に輪ジミや食べカスが残っていては興ざめです。毎日何度も使う場所だけに、最短の手間ですむ拭きルートを覚えましょう。スタートは最も汚れやすい、手が触れたり服がこすれるへりの部分から。

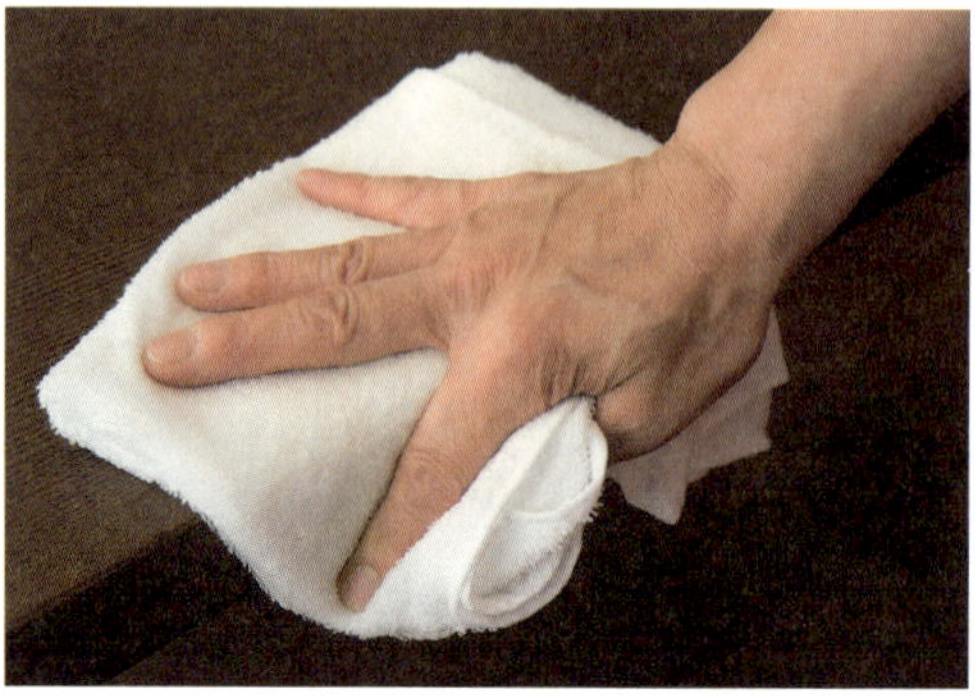

親指と人さし指をへりにかけ、手のひらはテーブルに当てて拭くと、天板の端とへりを一度にきれいにできる。1辺につき2往復する。

汚れは「手のひら」と「指」でこすり 落とす

テーブルは枠を取って拭くとスッキリ！

足を肩幅に開き、まず天板の端をへりとともに4辺すべて拭きます。タオルの面をかえて天板の向こう側から手前へ向かい、矢印のように左右に拭き進めます。その際、タオル半分の幅を重ねて拭けば、拭き漏れ防止に。大きめのテーブルは肩幅に合わせて半面ずつ拭きます。

ダラダラ水がたれない「絞り方」

「絞り方」で汚れの落ち方や仕上がりに差が出ます。気を抜いて適当にやると、拭き残しが出たり、水跡がつくのです。しっかりと拭き上げるための基本が、左にご紹介する水けをしっかり絞りきる「かた絞り」のやり方です。

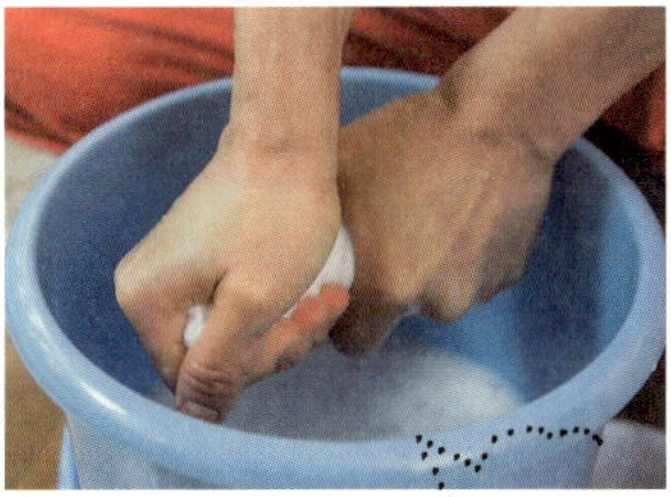

タオルをもみ洗いしたら、基本の８つ折りをさらに横に折って16折りにして絞る。このとき、両手が横並びではなく前後になるよう持つ。

バットや竹刀を握りしめるイメージで

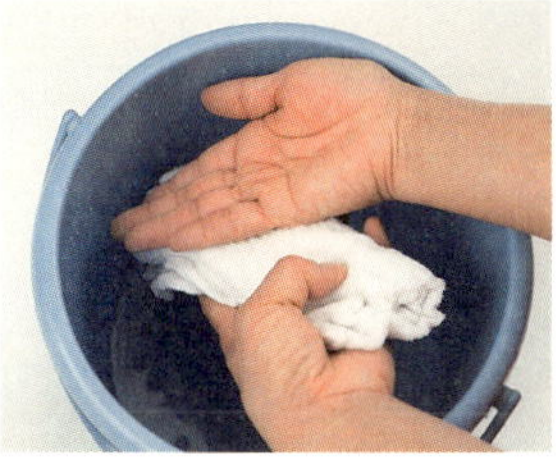

タオルを必要なかたさに絞り終わったら、８つ折りに広げる。手の甲についた水分を拭けば完了。床に水滴を落とさないように注意。

こんな絞り方も！

ゆる絞り

軽く水けをきり、タオルに水分がしっかり残っている状態。ガラスや鏡など、少量の水では落としきれない汚れがついている場合に有効。

びしょびしょ絞り

タオルから水滴がしたたる程度に水けを残した状態。室外の固まった泥や砂などに水分を与えることで汚れをゆるませ、落としやすくしたいときに。

通常の濡れタオルよりも湿りけの少ない「ちょい濡れタオル」は乾拭きの手間いらず！

絞り方にはいろいろありますが、しっとりわずかに湿らせるだけのタオルを用意しておくと、一度拭きだけですむのでラクちん！　プロの清掃員も「湿り拭き」と呼んで、実際に現場で使っているワザです。やり方をP38でしっかり復習！

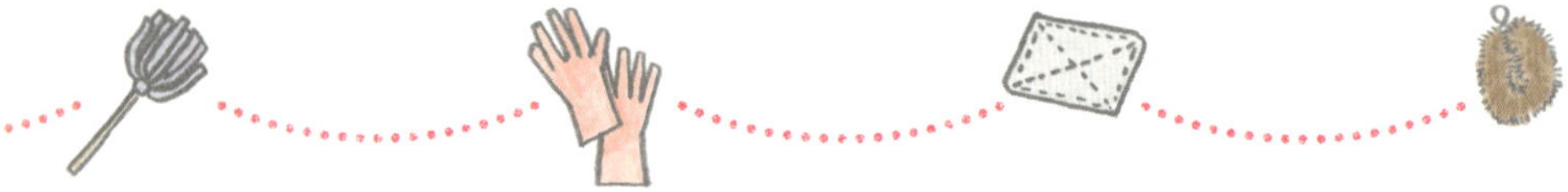

タオル以外で用意しておくと便利！基本の掃除道具

バケツ

①掃除道具入れ②洗剤を溶いた水入れの２つが必要。①は入れるものに合わせて形状の融通がきくゴム製、②は液体がこぼれにくいかたい素材に。２つを積み重ねられると収納がラク。

ゴム手袋

キッチン用・トイレ用と場所別にゴム手袋の色を分けると間違えにくい。換気扇の掃除用などに、薄い使い捨てタイプも用意しよう。

重宝してます！

移動ラクラク 手作りケース

２ℓ入りペットボトルを上下２等分し、口を逆さにしてもう半分にさし込めば、軽くて持ち運びやすいプラケースが完成。使ったスポンジの一時置きにすれば液だれしないし、水を入れればミニバケツにとフル活用できます。

このような
下向きで
置くのはNG

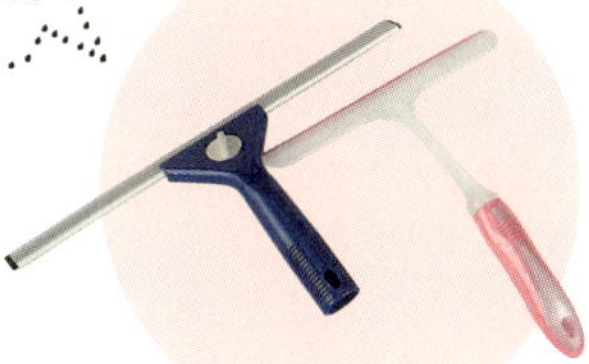

スクイージー

鏡やガラス、タイル面で活躍する水きりアイテム。写真のようにゴムの部分を下に向けて置くと劣化の原因になるので、上に向けるか吊るして保管する。

ティッシュペーパー

使い捨てにしたい場所の拭き掃除や、洗剤を含ませて汚れの上に貼りつける〝湿布掃除〟など、水に溶けにくいので幅広く使えるアイテム。

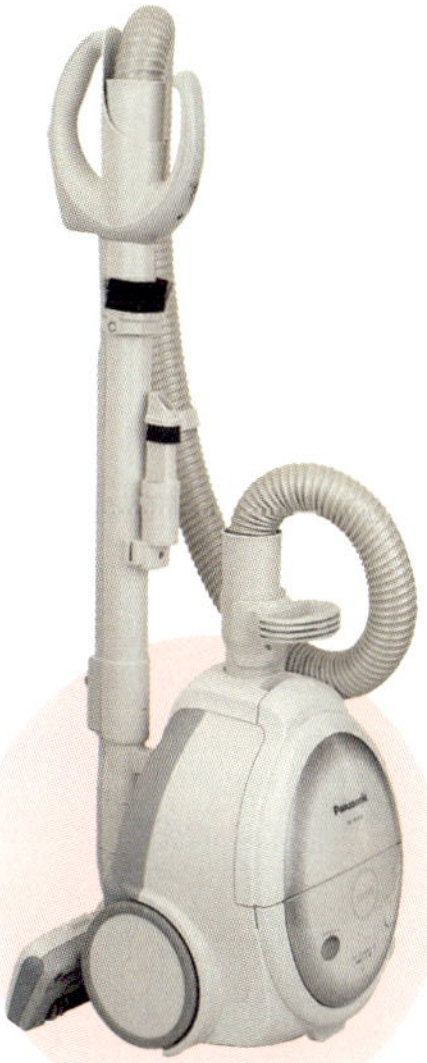

掃除機

床掃除はもちろん、ブラシ類のゴミ取りなどにも使える掃除機。キャニスター型とスティック型の両方があると、たがいに手入れできて重宝する。

新聞紙・カレンダー

ゴミ箱に敷いて水もれ防止に、取り除いたゴミの一時置き場に、汚れ防止シートとしてなど、さまざまに使える便利品。インクによる消臭効果も期待できる。

竹べら・竹串

自然素材で、傷をつけずに汚れを削り落とせる。先端を鋭角、円形などいろいろな形にしておくと、すきまのサイズや汚れの種類によって使い分けできる。

掃除道具は清潔に使いやすくキープ

「100円ショップで買えるから」などとずさんに扱っては、道具も力をフルに発揮できません。雑菌を増やさないメンテナンスを。

ゴム手袋

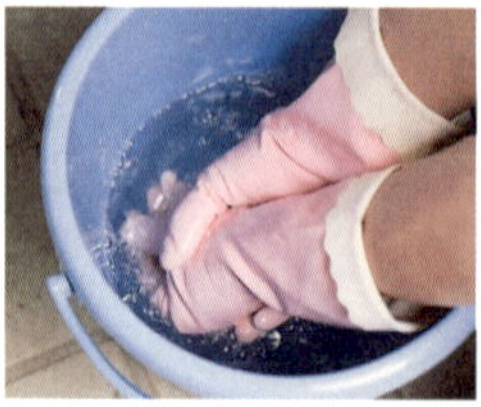

1

殺菌効果のある洗剤をバケツに入れ、水に溶かす。ゴム手袋をしたまま、手のひらや手首をこすり合わせる。

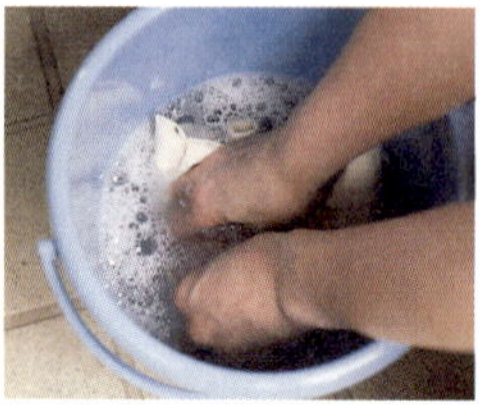

2

表面がきれいになったら手袋を脱いで裏返しにし、洗剤水に沈めてこすり洗いをする。水をかえてすすぐ。

3

手袋の中に水を入れ、口の所をよじって中まで空気を入れ、指先まで水が通るようにしてすすぐ。このとき穴があいていないかのチェックを。指先からしごいて水分をしぼる。

干し方にもひと工夫

風通しのよい場所に吊るして干す。中指同士を洗濯ばさみで留めてまっすぐ吊るすと、指が折れたりはめ口がくっつくのを防げる。

ブラシ

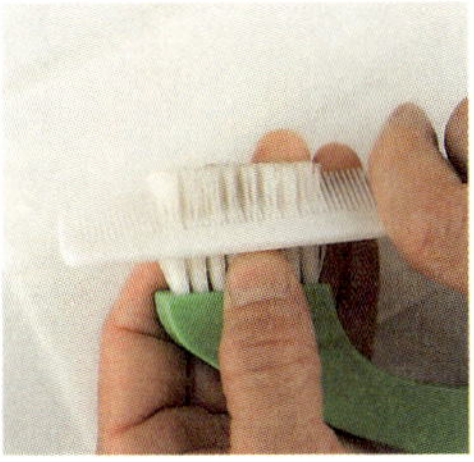

目の細かいコームですき、すきまに入り込んだ髪の毛やホコリを取り除く。同時に傷んだ毛も取り除ける。

パッド

よくしなる浴室用ブラシでこすり、表面にからまった髪の毛やゴミをぬぐい取る(P58参照)。

竹串

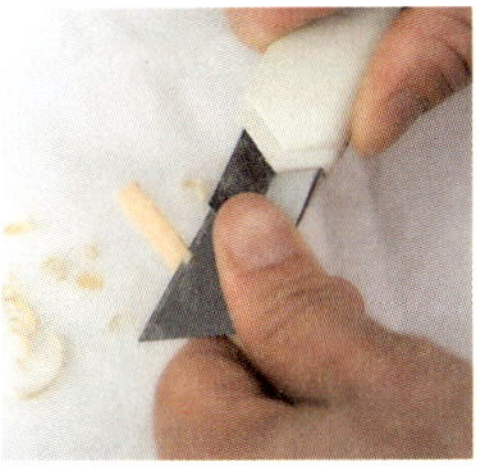

竹串やへら、割り箸は傷んだら工作用カッターで削り、新しい面を切り出す。先端を削るときはこの方法で。

掃除道具は「場所ごと」に分けると取りかかりがスピーディーです

ブラシやクロスなど道具ごとにまとめて集中収納している方は多いと思いますが、おすすめは「キッチン用」「浴室用」と場所ごとに使う道具を、その場の近くに収納する方法。わが家は鏡ごとにクロスを用意して近くにしまっています。気になったらすぐに掃除できる環境を整えることで、おっくうに感じないようにしているのです。

汚れに合わせて使い分け
こすって落とす
スポンジ&タワシ

アクリルスポンジ

体の脂を落としやすいので洗面所やお風呂場にもってこい。使用後、洗剤を残したままだと雑菌が繁殖しやすいので、水洗いと乾燥をしっかりすることが必要。

スポンジ

やわらかい面は軽い汚れに。かたい面は汚れ落とし効果が高く研磨剤があらかじめしみ込んでいるものがある。表面にツヤのある素材には傷がつきやすいので使用を避ける。

メラミンスポンジ

さまざまな汚れ落としに使える。必ず水を含ませて、タオルで軽く水けを取ってから使用。ただ光沢のある素材に使うとツヤが落ちる。水けを絞るときはタオルで包んで両手ではさむと型崩れしにくく長持ちする。

柄つきスポンジ（高所用）

天井など手の届きにくい場所をラクに拭いたり、低い場所を腰をかがめず拭くのに重宝する。「濡らして水拭き」、さらに「水けを取ってタオルを巻いて乾拭き」と１本で２通りに使える。

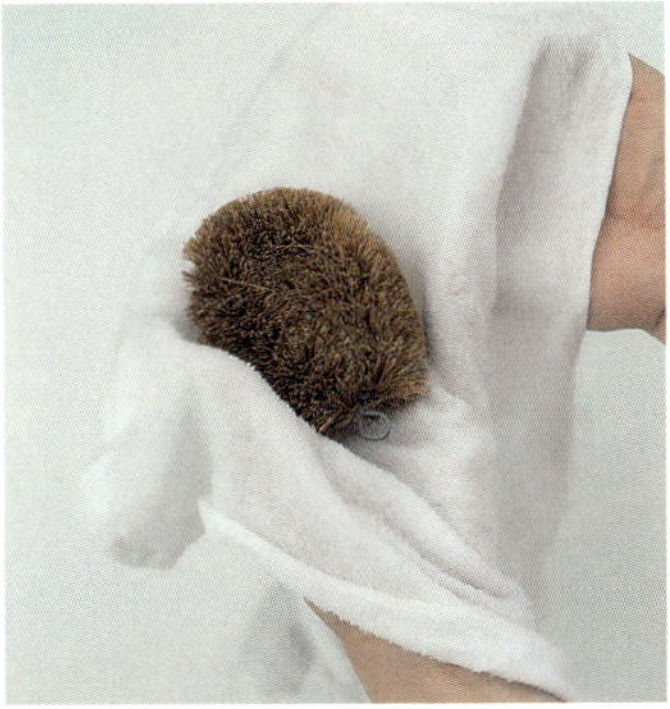

亀の子ダワシを薄いタオルで包めば、エンボス加工のビニールクロスなど細かい凹凸のある部分の掃除に重宝する。

タオルにくるんで使うと凹凸にしっかりフィット

亀の子ダワシ

やわらかいスポンジでは落ちにくく、かつ傷つきにくい場所の掃除に向く。使用前・後ともに、机などの上でたたき、中に入り込んだ繊維クズを出して水洗いが必要。

タワシにタオルの端を巻いて握り、もう片手でタオルの逆の端を持つ。水拭き・乾拭き両方に使える。

スチールタワシ

中にあらかじめ、洗剤がついているタイプが便利。洗浄力は弱めなので、傷つけたくない場所の掃除にも。腐食しやすいので基本は使い捨てに。乾くとさびるので新聞紙にくるんで処分。

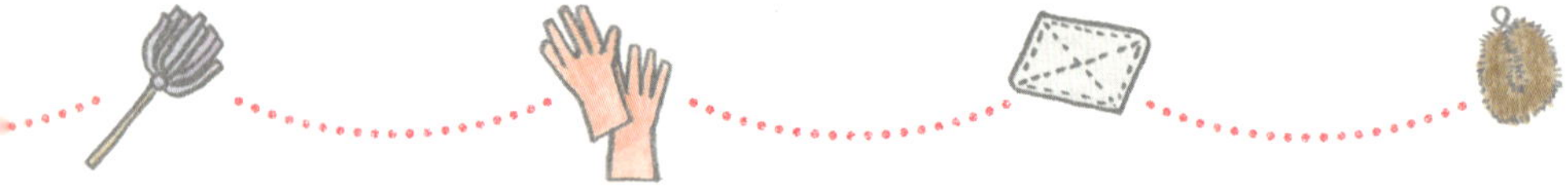

日常の汚れに欠かせない
磨いて落とす
クロス&パッド

マイクロファイバー製クロス

毛足の長さやかたさはお好みで選んでOK。ケバを残したくない場所や、細かい部分の掃除に適している。場所や用途で色分けすると、管理がラクで間違えにくい。

ダイヤモンドパッド

研磨剤として人工ダイヤモンドが練り込まれ、水で濡らしてこびりつき汚れを削り落とす。鏡のウロコや金属部分の水アカなど、用途別にいろいろな種類があるので説明書で要確認。中性洗剤を泡立ててすべりをよくし、傷つきにくくして使用。

パッド

清掃の現場でよく使われているのが薄めのタイプ。折って形を自由に変えられるので、便器など丸い形状のものやブラシの毛が入りにくい細かい箇所などの磨き掃除に重宝。研磨剤入り・なし両方をそろえると便利。

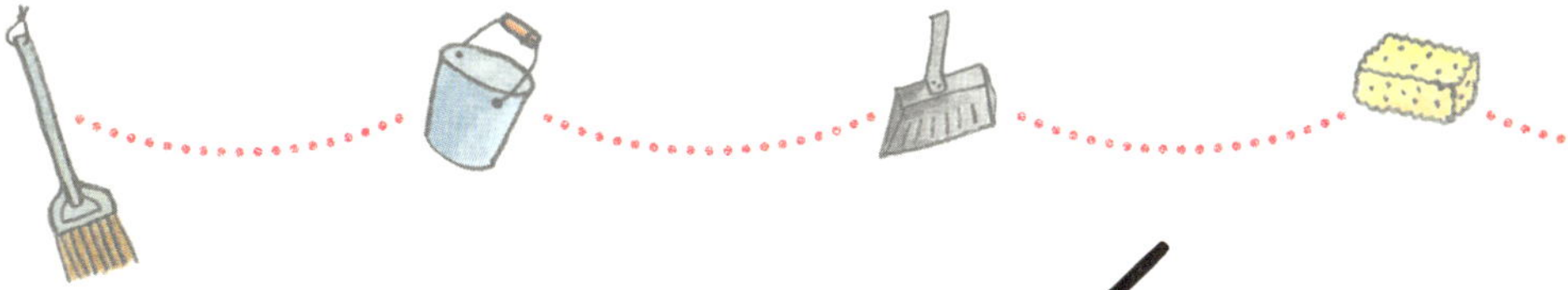

ホコリや髪の毛をごっそり かき出して落とす ブラシ&ハケ

デッキブラシ

腰をかがめずに床を磨いたり、タオルを巻いて拭き掃除したりと便利。柄が伸縮できて、ヘッド部分をブラシやほうきに交換できるタイプがおすすめ。

タオルを巻けば万能使いができる！

力を入れずに床拭きOK!

ハケ

塗装用具だが、家具から布製品まで幅広くホコリを払える便利アイテム。水けのない汚れならこれで取り除けるので、水拭きしたくないときに活躍。

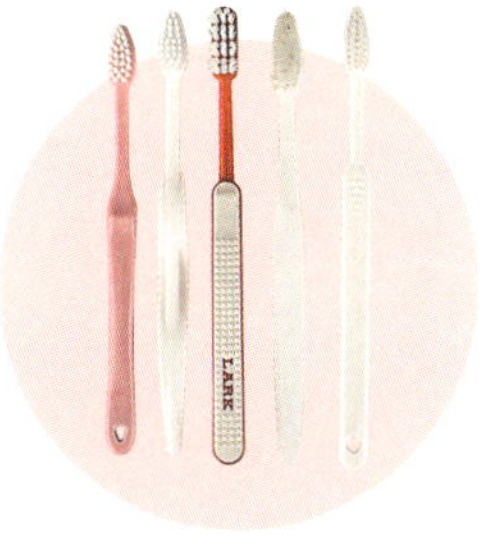

歯ブラシ

かたい・やわらかいの２種類×大・中・小の３サイズをそろえると、場所や汚れに合わせて使い分けがきく。宿泊先のアメニティなどでもらったらキープを。

浴室用ブラシ

柔軟に折れ曲がるタイプをを選ぶと、段差や角度のある部分も隅々まで毛が入り込んで汚れをきれいにかき出せる。他の掃除用具をお手入れするときにも便利。

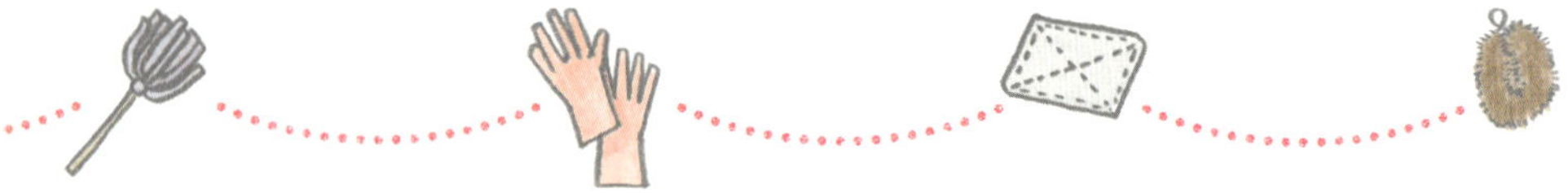

100円グッズや素朴なものが役立つ プロの小道具

掃除中の風通しもキープ

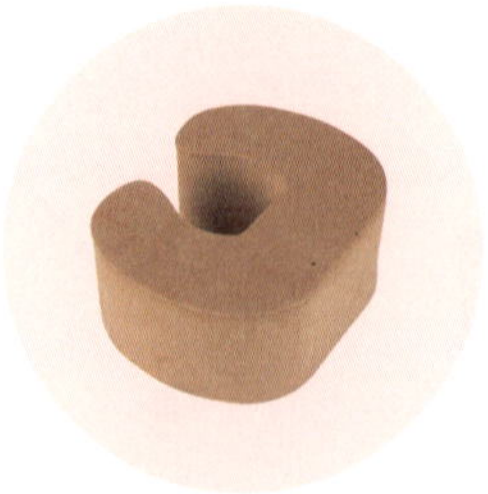

ドアキーパー

ドアやガラス扉にはさんで閉まりきらないようにする道具。密閉性の高いマンションなどでは、風圧で突然ドアが閉まることもあるのでケガ予防や破損防止に使いたい。

洗剤などが触れて傷むのを防ぐ

マスカー

マスキングテープと養生シートが一体化した製品。ワックスつきの床など、水や洗剤をつけたくない部分のカバーに。洗剤をつけた上からかければ湿布掃除にも。

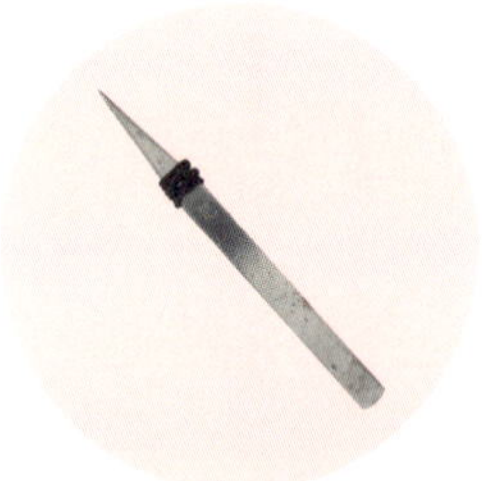

ピンセット

細かいすきまにもさし込めてゴミをつまみ取ったり、先端で水アカを削り落としたりできる。先端が開きすぎると思わぬケガのもとになるので、輪ゴムを巻いて。

コロコロブラシ

上から手のひらで包むように握れる取っ手は、しっかりフィットして力を込めやすい。長方形のブラシにくらべ、手の力が弱い人にも使いやすい形状のアイテム。

男性用肌着

身頃を四角く切り、たたんで使う。細部まで汚れを落としやすく、革製品やニス仕上げの家具を拭くときれいなツヤが出るので仕上げ磨きにも適している。

“指1本”のすきまに活躍！

マイクロファイバー製手袋

手にはめて使うので細部まで掃除しやすく、ブラインドの上下をいっぺんに拭くなど、時短に役立つ。ゴム手袋の上からはめて濡らせば、ガラス磨きに重宝する。

あると便利！

「宿泊施設のアメニティ」を掃除グッズに

ミニ石けん

シミが1か所だけついたときなどピンポイントで掃除するのに、小さな石けんが活躍。歯ブラシをそのままミニ石けんにこすりつけるだけで、準備完了！

シャワーキャップ

高い所の掃除の際にかぶってホコリよけに。また、ゴム入りで立ち上がりがあるので、排水口掃除などのゴミ入れとしても使え、そのまま捨てられて便利。

掃除をグンとラクにする「片づけ」のポイント

無理にシンプルライフを目指さなくても、ここだけ気をつければ掃除の手間が大きく変わるという4つのポイントをご紹介します。

1 使いたいものだけそばに置く

すべてをオープン収納にすればわかりやすいものの、掃除が大変になります。そこでその場でよく使うものだけをオープン収納にし、他は扉つきの棚や引き出しへと分けましょう。その際、トレーなどにまとめて収納し、掃除のときにすぐ動かせる工夫を。

2 家族それぞれの定位置を作る

家族全員のものがあちこちに混在すると、管理しにくく責任感も持てません。そこで家族ごとに棚や引き出しに専用スペースを決めて、本人が管理するルールにしてみては？　個別に定位置を作ることで出し入れもしやすく、散らかりにくくなります。

③

床やテーブルなど面にモノを置かない

床やダイニングテーブルなど部屋面積に占める割合の高い"面"は目につきやすく、印象を大きく左右します。だからこれらがごちゃついていると、部屋全体が乱雑に見えてしまうことに。それに床やテーブルにモノがあると、拭き掃除の前にどかす作業が必要になるので、めんどうくささがアップします。

④

かさばるものは中身を出してからしまう

買ったときのパッケージのまま保存すると、ときにはスペースのムダ。たとえばかさばる箱から出して薄いジッパー式密閉袋に入れかえれば、その分の厚みをスリム化できます。収納スペースにゆとりができれば取り出しやすく、掃除もラクになります。生ものの場合、ラベリングでいつ購入したのかわかるように。

COLUMN

人もモノも傷つけない　プロの清掃は安全第一

掃除中の事故やケガは、意外と多いんです。
プロが何より大事にするのは人もモノも守る清掃です。

手だけを動かさず「体全体」を使う

手先だけでなく、肩から体重をかけて動かすと、拭いたり掃いたりする動作に力が入ります。体の一部だけを使うと痛めるおそれもあります。

掃除は長袖＆動きやすい服装で

洗剤に触れたり、高所から落ちたときの衝撃を減らすために夏でも長袖を着用。スカートやジーンズは避け、動きやすいスタイルで掃除します。

掃除するときは体を支えながら

見えにくい水や汚れが表面についていてすべることがあるので、常に片手で安定した場所を押さえるかつかむようにし、バランスをとります。

掃除する場所以外は養生する

清掃する範囲外は汚さないのがプロの仕事。マスカーなどで慎重に養生します。予防掃除と考え方は同じで、結局これが一番手間を省けるのです。

家電製品は電源オフを忘れずに

家電の電源を入れたまま掃除をすると、誤作動したりショートしたりしてとても危険。掃除に入る前に電源を切ったか必ず確認します。

3章

いつもスッキリ、気持ちいい！

キッチン＆リビングの掃除

家族が長い時間を過ごす場所がきれいだと、
リラックスできて外での疲れも吹き飛びます。
毎日行いたい「ポイント掃除」、
汚れが気になるときの「しっかりお掃除」に
分けてご紹介します。

新津の極意

キッチンの「ついで掃除」——これだけでOK!

キッチンって毎日使うから毎日汚れるんだよね〜
うへぇ
キッチン掃除は水分・油分を残さないのがキレイのコツです!
調理台を拭く
ササッ
使った後は早めに調理台を拭いて!クロスをシンク横に常備して、調理中も気になったら拭くようにするといいですよ〜!
調理台の細かい部分に目くばり
特に水栓周りなど入り組んだ構造の部分には水分や汚れが溜まりがちなので、要チェックです!ここで放置すると、水アカなどしつこい汚れに進化してしまいます
キッチンの壁をチェック
特にコンロ周りには、飛び散った調味料などわかりやすい汚れだけでなく、見えづらい油汚れなどがベッタリ!毎日軽く水拭きしておくだけでも後々の手間がまったく違います!

シンク全体を
磨く＆拭く
食器を洗ったついでに、シンクの中も洗いましょう 毎日「ついで」にやれば、特に洗剤をかえなくてもそのままでOK! 最後にタオルでシンクの内側もしっかり拭き取ってください
排水口をキレイに
酸素系漂白剤
ここにヌメリが残ると、イヤなニオイのもとに! 毎日洗うのがベストですが、どうしてもできない日はゴミを取った後に酸素系漂白剤小さじ1をたらしておきましょう
床を拭く
油がはねることも多い床は、できれば使うたびに拭きたいものでも全面を毎日拭くとなると大変なので、飛び散った所をできる範囲でよいので拭いていくのがおすすめです
汚れが溜まらないと、毎日の掃除もイヤじゃないわ～!
食品を調理する場所だけに、清潔を心がけましょう!

キッチン掃除の8つの基礎知識

「ついで」掃除の効果を上げるために知っておいたほうが得することがあります。キホンは「汚れる前に手を打つ」ことです。

1 大きく分けて汚れは「水周り」と「火周り」そして「壁と床」。それぞれの汚れをおさらいしましょう

水周り

ヌメリ

排水口や三角コーナーなど水けの多い場所で、カビや雑菌などの微生物が繁殖してできる。短期間で発生する。

白い水アカ

水道水に含まれる成分が、水分だけ蒸発して後に白っぽく固まって残った状態。水栓金具などによく見られる。

カビ

湿度の高い場所で、油汚れなどがエサとなり発生。冷蔵庫内も製氷室のタンクや扉のパッキンからカビが繁殖することがあるので週に1度はチェックを。

食品の汚れ

細かい野菜くず、コーヒーや牛乳など飲料の飛び散りは、そのままにすると汚れだけでなくカビや害虫を呼ぶ原因に。

サビ

サビに強いステンレスのシンクでも、金ダワシなどの金属製品を放置すると〝もらいサビ〟ができることがある。

くすみ

取っ手やスイッチプレートなど、皮脂汚れのつきやすい場所は徐々に光沢がなくなり、くすんで見えやすい。

黄ばみ

お茶やコーヒーがシンク内に残ると、ステンレスを黄ばませる原因に。洗剤だけでは落としきれない汚れになる。

火周り

食器用洗剤は水で薄めて使います

食器用洗剤は水で薄め、よく泡立てるとキッチン全体の掃除に大活躍します。ただし作りおきすると雑菌が繁殖する可能性があるので、使うたびに薄めるようにしましょう。

油汚れ

調理中の油が換気扇やコンロ周りにこびりつく。数か月空気にさらされつづけて固まると、取りにくい汚れに。

コゲつき

コンロについた油などの汚れが熱でさらにこびりつき、かたく炭化した状態。時間が経つほどがんこな汚れに。

手アカ

ガスコンロのスイッチなど、手で触れるところにつく皮脂汚れ。油分を含むため、粘着質で落としにくい。

黒ずみ

ステンレスやプラスチック製品に出がち。継ぎ目に使われるコーキング剤のカビも黒ずんで見えることがある。

壁と床

食品のカス

コンロそばの壁は調理中にはねた調味料などがつきやすい。床に落ちた食品カスは害虫を呼び寄せるエサに。

油汚れ

換気扇周りの壁やコンロ近くの床は、見えにくいが油汚れが付着しやすい。固まると落ちにくい汚れに進化。

ホコリ

空中を浮遊するホコリが床や壁につく。油分や水分とくっつくと、しつこい汚れになることも。ダニの大好物。

2 水滴は残さない！ 使うたびに拭いて スッキリをキープ

調理中や掃除中に必ず水を使うキッチンでは、いかに水滴を残さないかが掃除のポイント。水けが残ると、金属部分に水アカやサビが出たり、壁にカビが生えたりと、汚れやダメージのもとになります。また水アカが雑菌の原因になるなど、衛生的にもよくありません。汚れを連鎖させないために、まず大本の水を断つ！ クロスを手元に置き、こまめに拭き取りましょう。

3 清潔なキッチンは 「風通し」がポイント 換気と乾燥をていねいに

水周りであるキッチンは、目に見えない湿気にも注意が必要です。換気扇は調理前から回しはじめ、調理後も90分はそのままに。調理中だけ回すのでは、水分や油分が残って汚れにつながります。窓のないキッチンでは、扇風機を置いて換気扇へ空気の流れを作りましょう。シンク下や引き出し、棚の扉なども使わないときは開けておき、中まで風が通るようにしてください。

4 排水口＆グリル…… ニオイが気になる場所は要注意

排水口やグリルについてまわるニオイ問題。シンプルですが、「使うたびに洗う」が正解です。ニオイが定着する前に洗えば、たいした手間もなくキレイにできます。最初はめんどうに思えても、毎日の食器洗いとワンセットにして習慣にしてしまえばよいのです。効率的な洗い方を覚えれば、ものの数分で終わりますよ。明らかな悪臭を放つようになってからでは遅いと心得ましょう。

5

シンク＆水栓……光るところは輝きをキープ

ステンレスの水栓やシンクなど、キッチンには金属部分が目立ちます。これらが汚れていると、キッチン全体が汚く古く見えてしまいます。特に水周りには水アカや石けんカスなど、放置すると取りにくくなる汚れがいっぱい！　毎日磨いておくのが、結局は最もラクな方法なのです。光る部分をピカピカにするのが、キレイなキッチンづくりのカギですよ。

6

ゴミは新聞紙＋チラシでポイ捨て

生ゴミの処理には悩まされますね。私はゴミ箱の内側に２枚の新聞紙を袋状になるように折って入れ、底にチラシを敷いています。新聞紙やチラシのインクが消臭や除湿に効果を発揮し、雑菌の繁殖を抑えることにもつながります。また、油分が含まれているので水漏れもしにくいのです。掃除中も新聞紙を広げてゴミをのせていき、最後にくるんでから捨てます。

7

まな板、包丁 水きりカゴ……道具はこまめに除菌

使った道具は洗うのはもちろん、除菌もして常に清潔に保ちましょう。私は１日おきに、食器といっしょに調理器具も酸素系漂白剤に終日浸けおきし、水洗いしています。忘れがちですが、水きりカゴにも注意が必要。食器を入れているあいだ水けにさらされるため、１日でも放置するとヌメリが出ます。漂白し、カゴとトレーが重ならないよう立てかけて、十分に乾かしましょう。

8

できるだけ早く掃除にとりかかる

調理中から掃除はスタート。たとえば特にニオイが出やすい魚料理。魚をプラスチックトレーから出したら、すぐに新聞紙で包んでビニール袋へ入れてしまいます。また食べ終えた皿はすぐ洗剤を入れた水に浸けます。ニオイは時間とともに強くなるので、できるだけ早く処理するのがポイントです。後回しにすると消臭剤が必要になるなど、かえって手間とお金がかかります。

たまには、シンクのしっかりお掃除

日々、気がついたときに洗えば食器用洗剤だけでキレイに。
基本のスポンジ洗いは、
やわらかい面でなで洗い→かたい面でこすり洗い。
たまに行う「しっかりお掃除」はこちらの手順で。

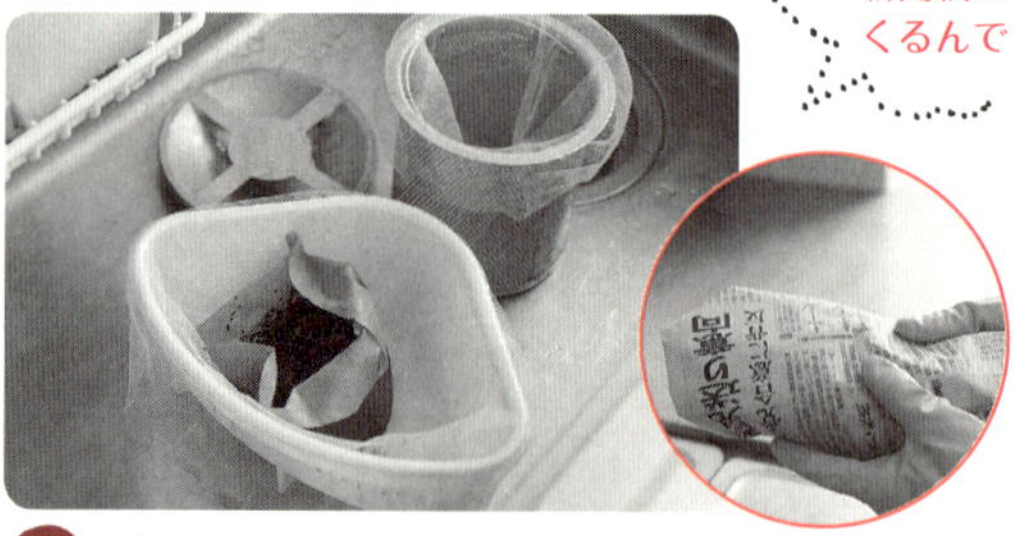

1 排水口と三角コーナーのゴミを捨てる

ゴム手袋をはめ、最初に排水口のゴミ受けカゴや三角コーナーのゴミをおおまかに取り除く。生ゴミは新聞紙にくるんで水分を吸収させ、すぐにゴミ箱へ入れる。

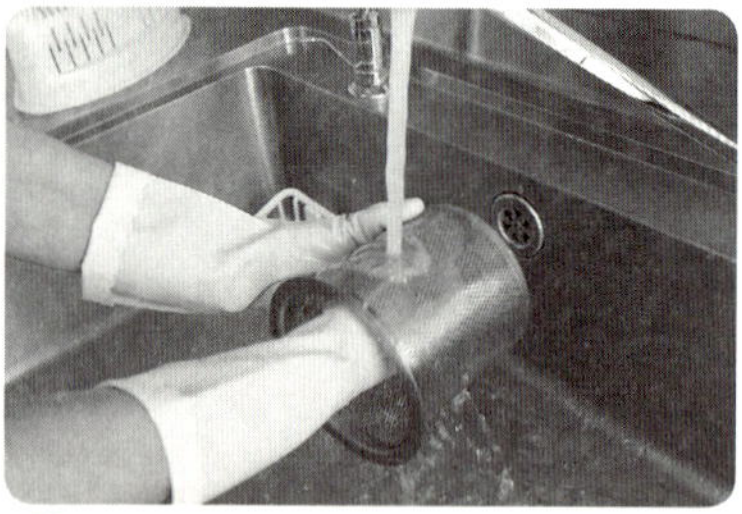

2 三角コーナーとスポンジラック排水口のカゴを洗う

三角コーナーとスポンジラック、排水口のゴミ受けカゴを、水を流しながらスポンジでザッと洗い、残っている細かなゴミを取り除く。

③ シンクを水で濡らす

洗剤をなじみやすくするため、シンク全体に水をかける。水栓が届かない部分は、スポンジに水を含ませて塗るようにして全体を濡らす。

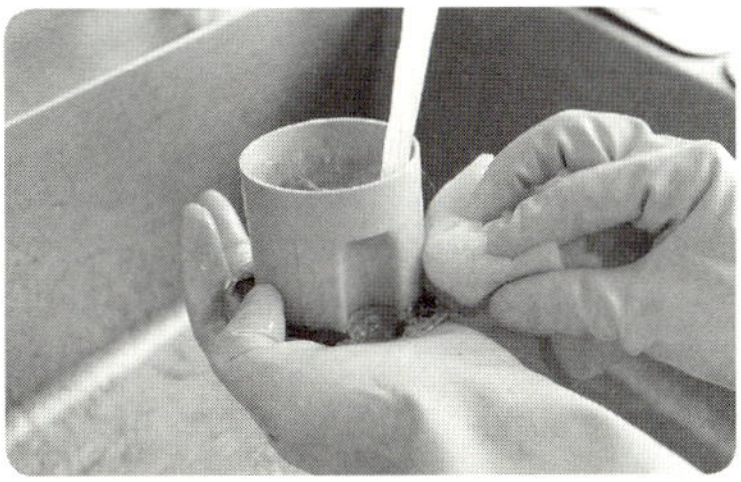

④ 排水口のパーツを洗う

排水口のゴミ受けカゴ以外のパーツも取り外して洗う。汚れが落ちにくい場合は、ぬるま湯で温めながら洗うとよい。排水管の中も手を入れてスポンジで洗う。届かない奥の部分は柄つきブラシで細かい所は歯ブラシでこする。

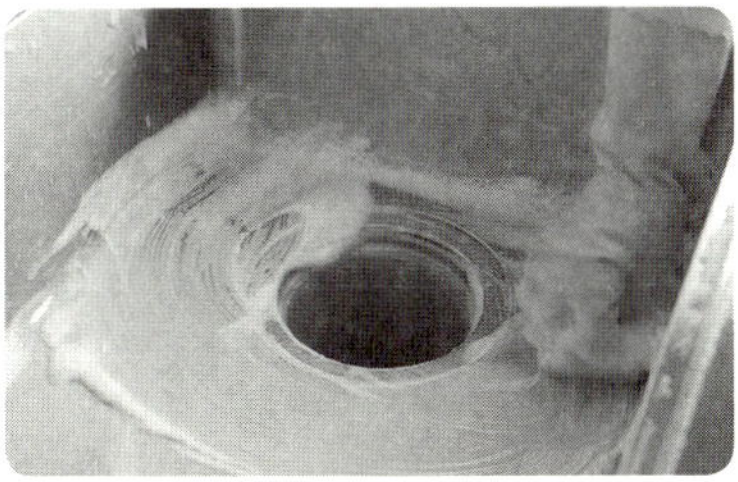

⑤ シンクをなで洗いする

食器用洗剤(中性)をスポンジのかたい面に、全体に行きわたるぐらいにつける。やわらかい面で少しずつ洗剤をしぼり出すようにしながら、シンク周りや内側、底、水栓をなでるように軽く洗って洗剤を塗りつける。

⑥ 排水口の部品を浸けおきする

バケツに食器用洗剤(弱アルカリ性)を水3ℓに対し20cc入れて溶かし、よく泡立てる。三角コーナーやスポンジラック、排水口のパーツを入れて浸けおきする。すべてが完全に洗剤水に浸かるようにする。

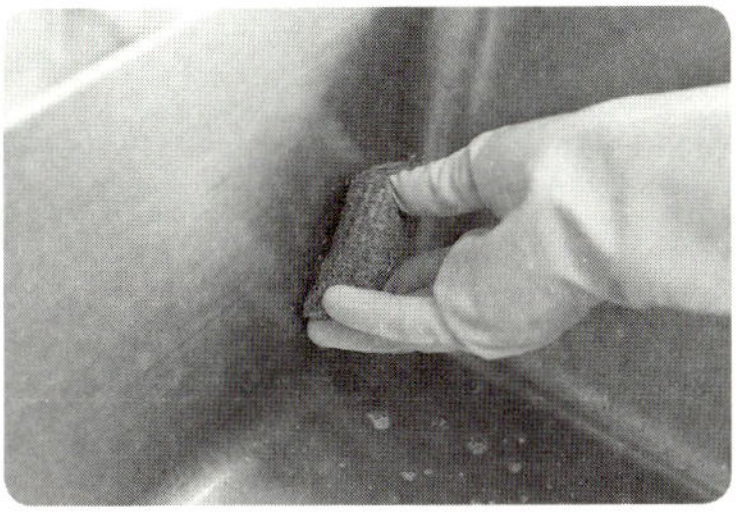

⑦ シンクの底と四隅を洗う

最も汚れているシンクの底を、円を描くようにしてこすり洗いする。ただし排水口周りは後でやるので、ここではそれ以外を洗う。

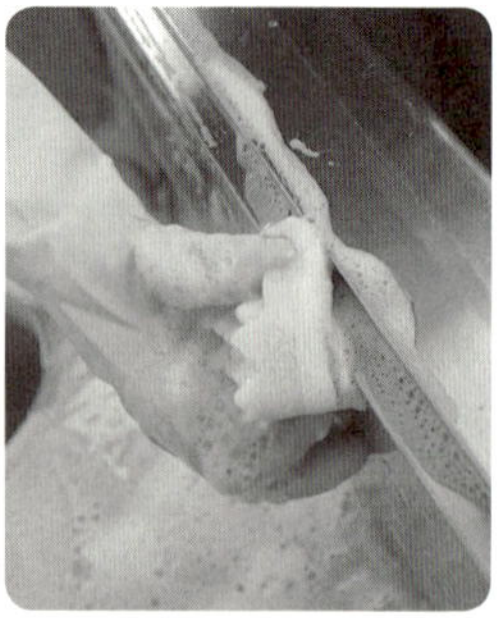

8

排水口の近くとシンクの手前を磨く

洗剤が流れて排水口周りに集まってきたら、スポンジのかたい面で円を描くようにこすり洗いする。また一番汚れやすいシンク内側の手前側も、へりの部分は親指でスポンジを押さえつつ、同じようにこすり洗いする。このとき正面でなく斜めに立つことで力をかけやすくなり汚れを落としやすい。汚れを目で確認しながら行う。

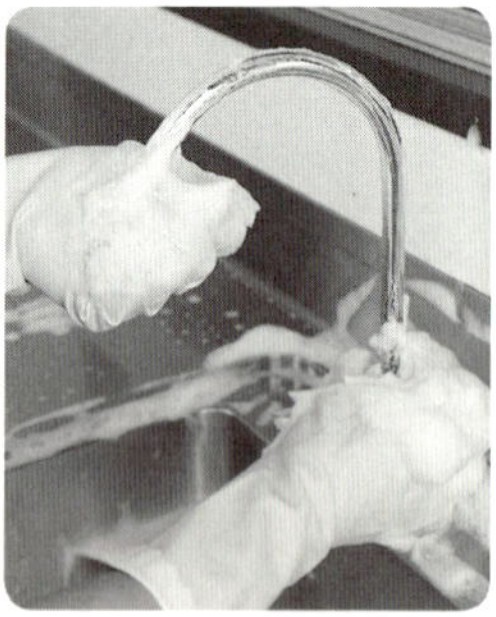

9

丸みのあるものは包み洗いする

水栓など丸い形のものは、スポンジのやわらかい面ごと手のひらで包み、丸みにフィットさせて洗う。片手でやると力がかかりすぎるので、もう片方の手で土台を支えながら洗う。

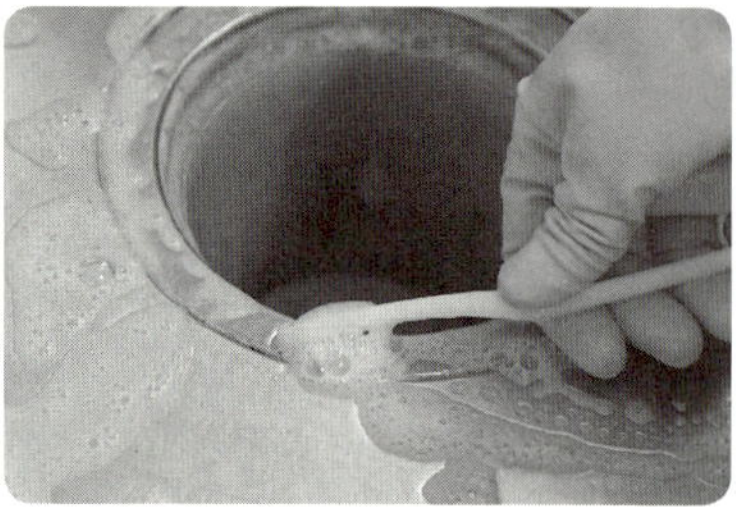

10

歯ブラシで水栓の細部や排水口の縁を洗う

歯ブラシに泡をつけ、水栓の根元やレバーの細部をこすり洗いする。また排水口の縁の段差も歯ブラシでこすり洗いする。

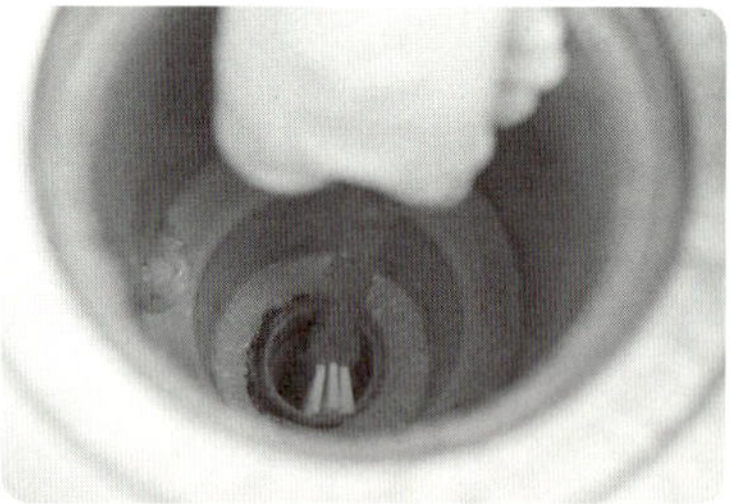

11

排水口の側面を洗う

スポンジに残っている泡を排水口へしぼり出し、歯ブラシで側面を洗う。ひと通りこすったら水を流し、泡を洗い流す。

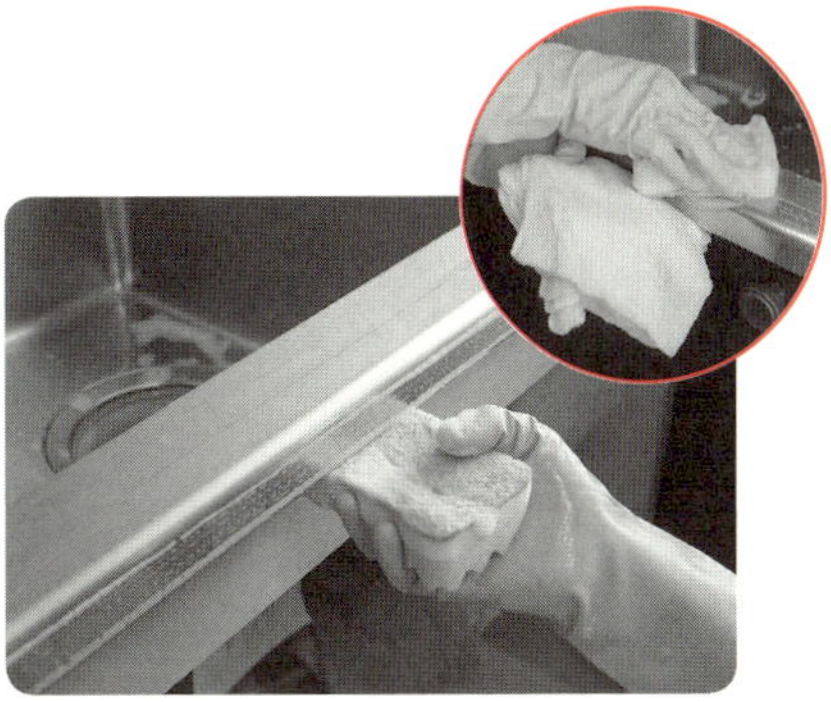

⑫ シンクのへりを洗う

スポンジのかたい面で、シンクのへりを円を描くようにこすり洗いする。このとき、洗剤が外側にたれないよう片手にタオルを持って添える。下はシンク下の扉を開けてからスポンジでなぞるようにして洗う。タオルで水拭きして洗剤を取り除く。

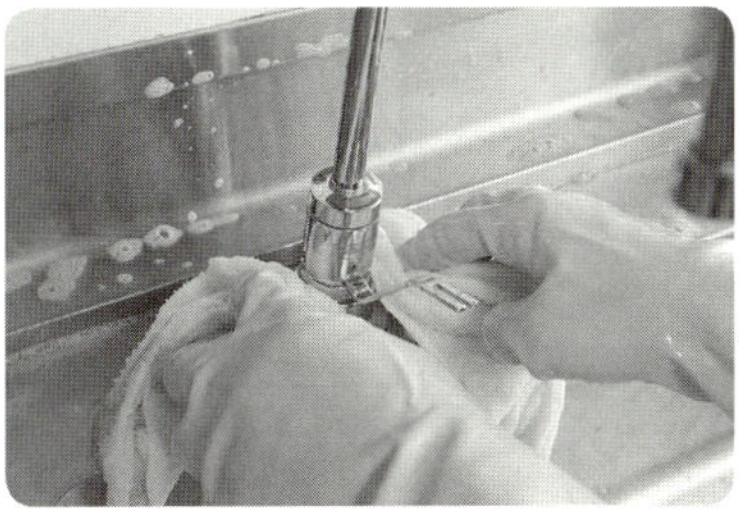

⑬ 濡らしたタオルで シンクや水栓の泡を拭き取る

水けを軽く絞ったタオルでシンク周りの泡を拭き取る。その後、濡らしたまま絞らないタオルで水栓周りをなでて泡を流す。丸い部分はタオルで包むようにして水拭きする。

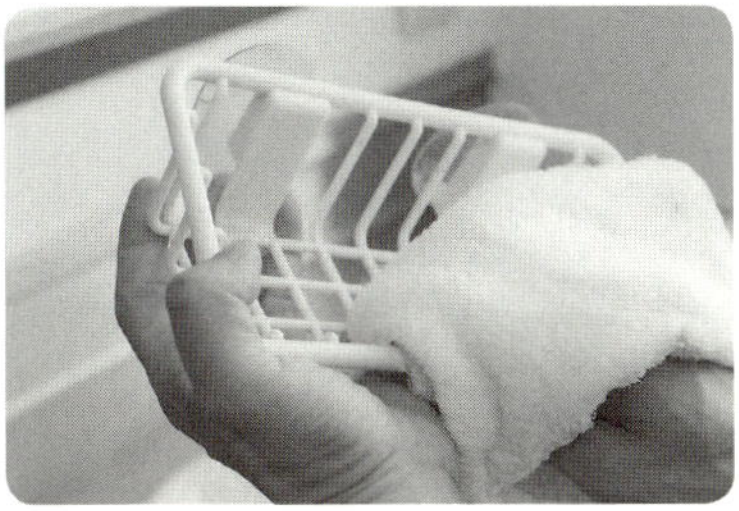

⑭ 三角コーナーと スポンジラックを拭く

浸けおきしておいた三角コーナーなどをバケツの中でスポンジで軽く洗う。排水口のパーツはそのまま戻す。三角コーナーとスポンジラックは水洗いし、シンクに敷いたタオルの上にのせて水けをきり、タオルで拭いて元に戻す。

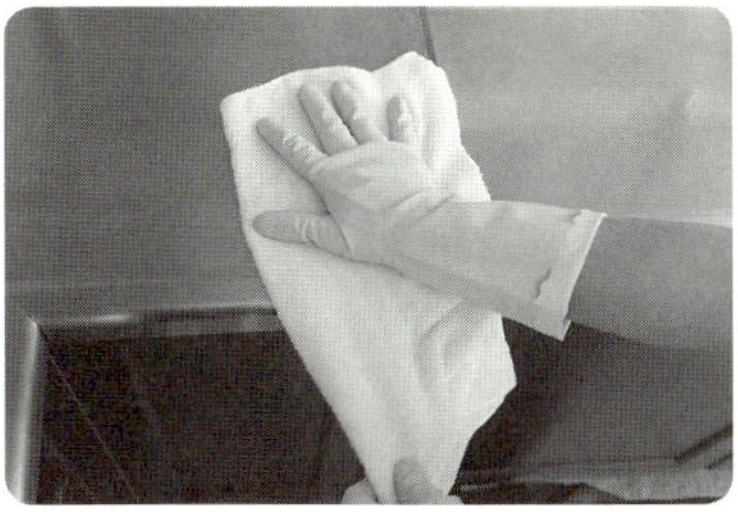

⑮ シンク周りを拭き上げる

かたく絞ったタオルでシンク周りを仕上げ拭きする。４つ折りにしたタオルを持ち、片手で引きながら拭くとタオルの形が崩れずしっかり拭ける。近くに窓枠やスイッチプレートなどがあればいっしょに拭く。

隅々までクリーン
頬ずりできそうなほど
ピカピカ

ニオイなし！
くもりなし！

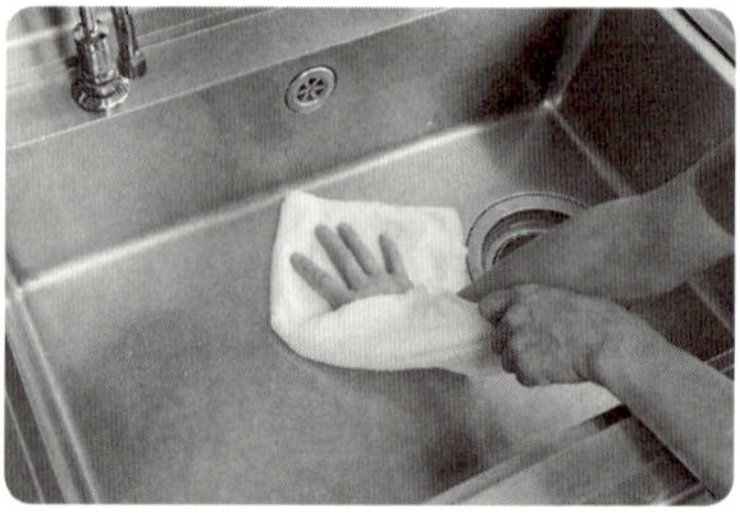

16 最後の仕上げ拭きをする

最後に排水口周りと水栓、シンク内側を、かたく絞ったタオルで拭いて水滴を残さないようにする。

水栓の細かい汚れが取れていないなら

食器用洗剤（中性）を直接水栓にかけ、竹べらに2つ折りにした濡れタオルをかけて上からこすります。へらが入らない細部は歯ブラシで磨きましょう。

黄ばみ汚れがあればスチールタワシで

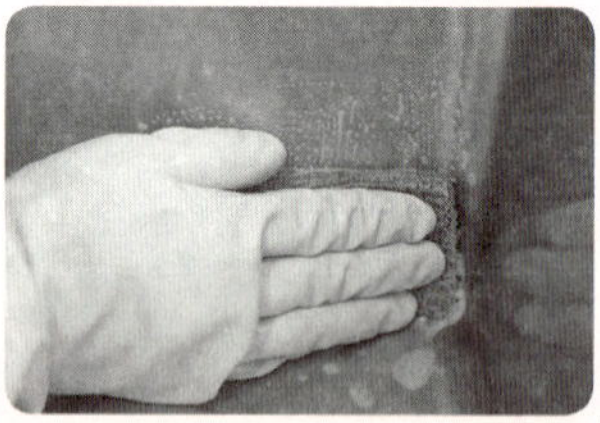

ステンレスに残った黄ばみは、シンクを水で濡らしてスチールタワシで細かくこすります。円を描く→直線で往復させるの順で洗うと、ステンレスに跡が残りにくいですよ。最後にタオルで水拭きすればピカピカに！

たまには、ガスコンロのしっかりお掃除

油汚れやコゲに悩まされる場所ですが、洗剤を湿布して汚れをゆるませて落とします。
さらにがんこな汚れはクレンザーやへらを使ってしっかり取り除きましょう。

1

五徳を外して洗剤水をシュッ！

パーツを外し、小さいものは洗剤水を入れたバケツに浸けおきする。大きいものはシンクにタオルを敷いてのせる。食器用洗剤（弱アルカリ性）を水に溶かして10％の濃度にした洗剤水を全体にスプレーし、タオルで包んで置いておく。

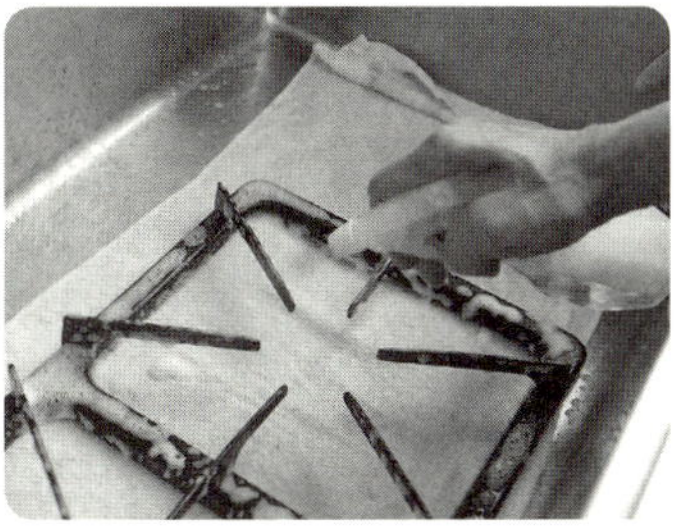

2

ひどい汚れにはティッシュで湿布

特に汚れがひどければ、ティッシュペーパーをのせ、さらに洗剤水をスプレーしてからタオルで包む。

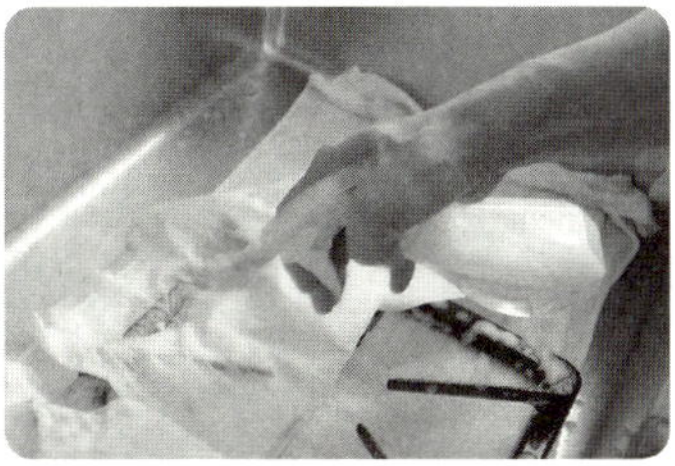

3

ティッシュペーパーでバーナー周りを養生する

ガスコンロの内側に洗剤が流れ込まないよう、すきまにティッシュペーパーを竹串で押し込んで詰める。表の穴も同様にしてふさぐ。

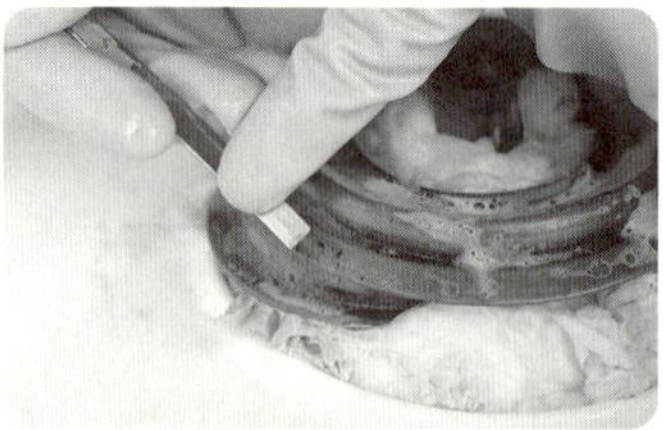

④ コンロ全体を磨く

洗剤水をコンロ全体にスプレーする。スチールタワシかクレンザーをつけて竹べらで表面をこする。手だけでなく肩から動かすようにすると力が入りやすい。

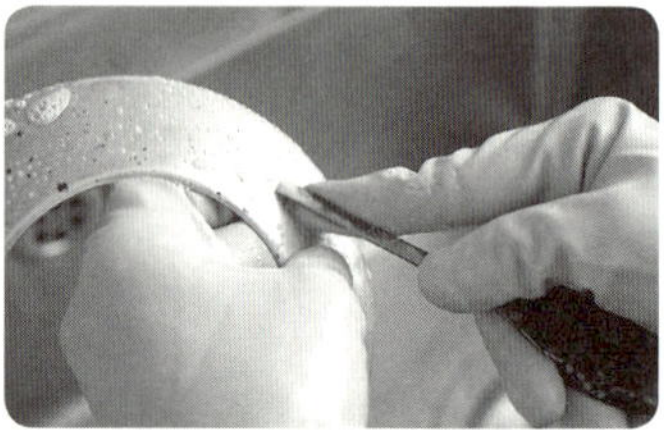

⑤ コゲつきはへらでオフ

焼きついた汚れはそのままでは取れないので、竹べらなどで削り取って水拭きする。その後、全体を水拭きする。

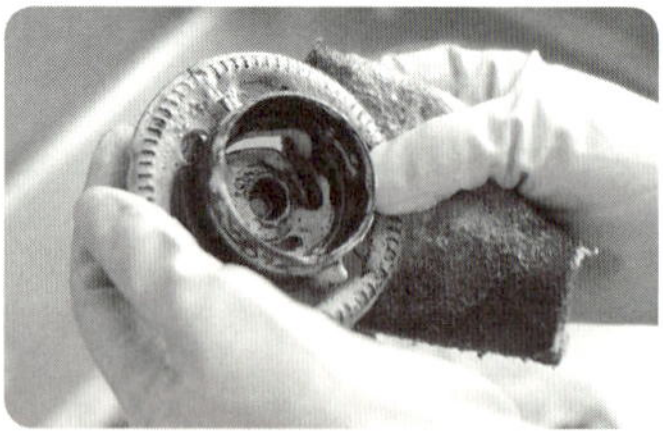

⑥ 浸けおきしておいたパーツを磨く

クレンザーをつけたパッドで、浸けおきしていたパーツを磨く。傷つけないよう、軽い力でなでるように。

⑦ パーツを水洗いして乾かす

パーツを水洗いする。使ったパッドもいっしょに洗っておくと、かたくなるのを防げる。タオルの上にパーツをのせて乾かす。

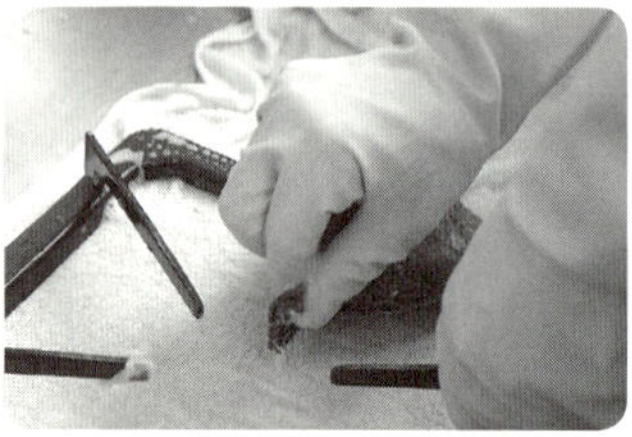

⑧ 五徳を磨き洗いし乾かす

こびりついた汚れは竹べらで落とし、クレンザーをつけたパッドで五徳の形にそって磨く。細い部分はパッドで両側から包むと洗いやすい。水洗いしてタオルで水けを取り、立てかけて乾かす。

COLUMN

「使うときだけ」「食器と洗う」

新津式「五徳」の掃除術

　ガスコンロは1か所使うだけで周辺も油で汚れてしまいます。そこで日頃は五徳を外して近くに置き、使うときに使う分だけセットすると合理的。

　そして使ったら熱いうちに洗うのがコツ。コンロ掃除がめんどうなのは、時間が経つほど汚れが固まり、落ちにくくなるから。使った直後なら、タオルで表面をなでるように水拭きするだけで落とせます。1～2分のことですから、私はごはんを食べる前にすませてしまいます。それ以外のパーツは、食後に食器といっしょに洗います。

　それから排煙口はグリルを使うとき以外はカバーをしてふさいでおかないと、ゴキブリが中に入り込みます。コンロ内部には掃除できない箇所もあるので、進入路を断つのが一番の対策ですよ。

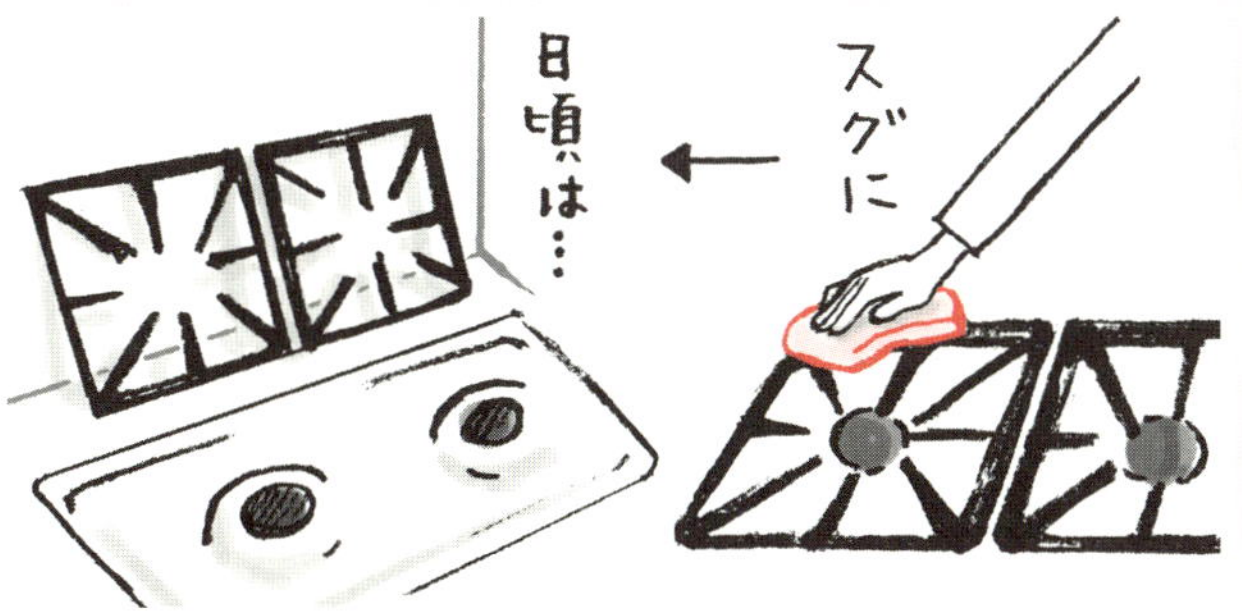

たまには、魚焼きグリルのしっかりお掃除

油汚れの激しいグリルは、パーツによって使う掃除道具をかえると効果的。しっかり洗って乾燥させれば、あのイヤなニオイも気になりませんよ。

1 スチールタワシ＋洗剤で磨く

グリルの網は食器用洗剤（弱アルカリ性）をつけたスチールタワシでこすり洗いする。メッキがほどこされたタイプの網は、力を控えめにして塗装まで削ってしまわないよう注意。

メッキがはげないように注意

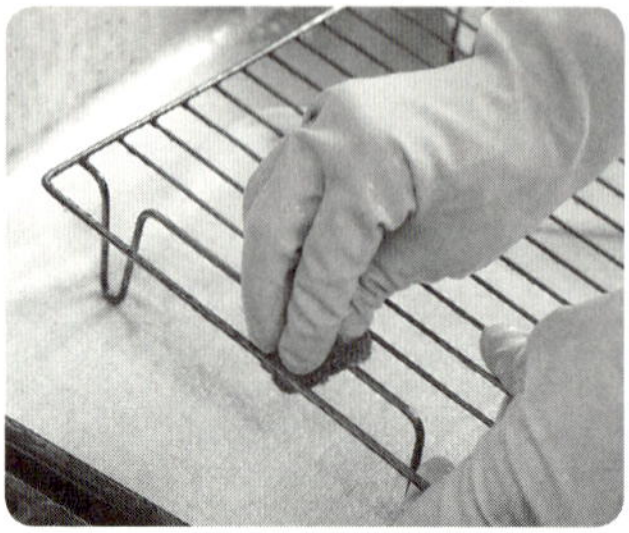

2 洗った後はしっかり乾燥させる

同様に、トレーもパッドに洗剤をつけてこすり洗いする。これらは水洗い後は完全に乾燥させてから元に戻す。

3 スイッチ周りはパッドでなで拭きする

パッドの片面に食器用洗剤（弱アルカリ性）を水に溶かして10％の濃度にした洗剤水を全体にスプレーし、力を入れずになでるようにこする。パッドを裏返し、スイッチ周りを円を描くようにこする。スイッチは人さし指に濡れタオルを巻いて水拭きする。

④ "タオル巻き歯ブラシ"で細部をこする

歯ブラシに洗剤をつけたタオルを巻き、スイッチ本体を力を入れずに磨く。すきまや細部はタオルを外して歯ブラシだけで磨く。

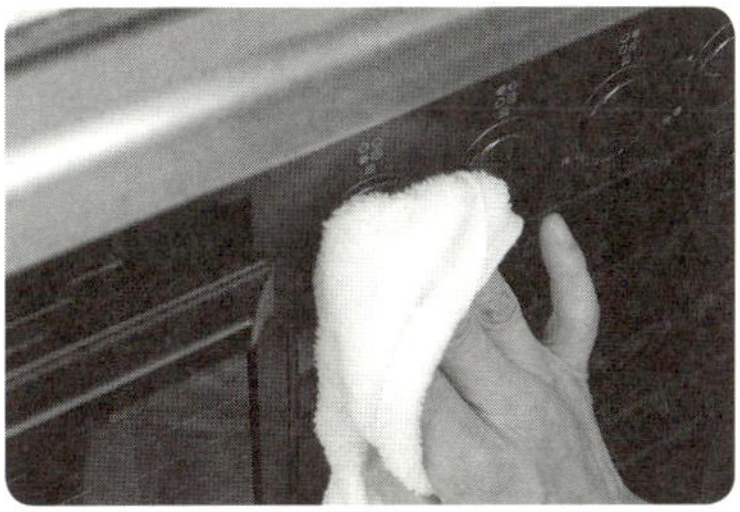

⑤ 全体を水拭き＆乾拭きする

タオルの洗剤がついていない所を使い、全体を水拭きする。スイッチなど丸い部分はタオルで包み込むようにしてフィットさせると拭きやすい。

グリルの排煙口はパッド＆タオルで

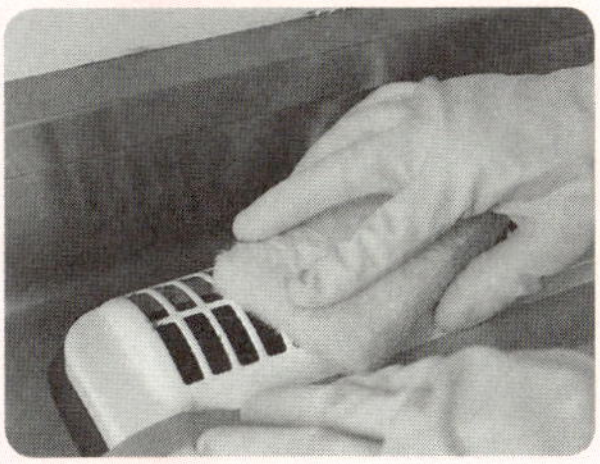

取り外せない排煙口は、パッドに洗剤をつけて表面をこすります。内部に洗剤が流れ落ちないよう、力を入れずに軽いタッチで。タオルで包んだタワシで水拭きすれば、すきままでキレイになりますよ。

スイッチの奥を拭くときは

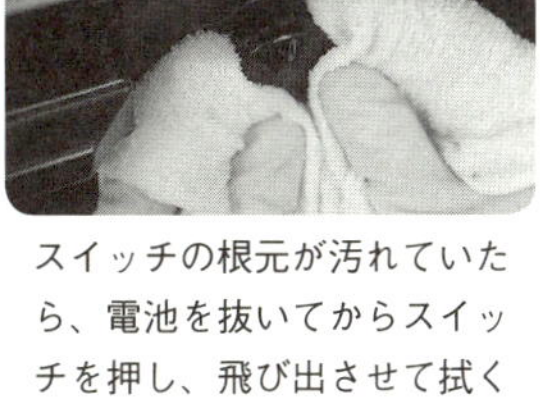

スイッチの根元が汚れていたら、電池を抜いてからスイッチを押し、飛び出させて拭くとよい。

たまには、換気扇のしっかりお掃除

油汚れをたっぷり含んだ換気扇は、ホコリ取り→洗剤拭き→仕上げ拭きの3ステップでキレイにしましょう。高い所にあるので、安全に気をつけて掃除してくださいね。

1 新聞を敷いて周囲を養生する

掃除中は上からホコリなどが落ちてくる。換気扇の真下のコンロや周囲に新聞紙やマスカーをかけ、汚れを防ぐ。捨てるときはたまった汚れを落とさないよう端から中央へ向かって折りたたんで捨てる。

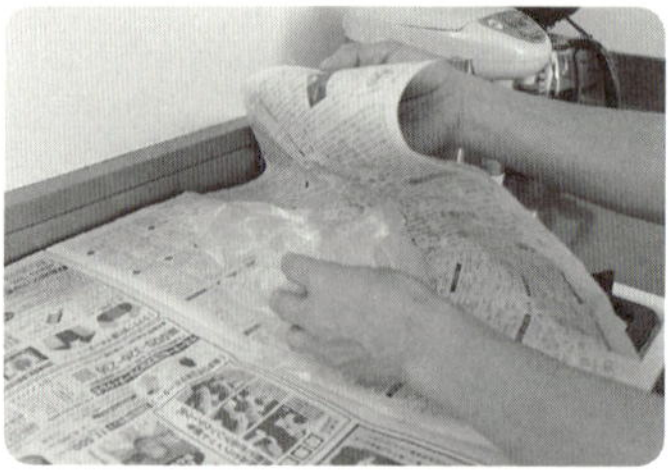

2 水拭きしてホコリを取る

かたく絞ったタオルで換気扇カバーの表面を枠を取って拭き（P50参照）、ホコリを取る。力を入れるとホコリをつぶしてしまうため、軽くなでるイメージで。へりや周りの壁も同様に拭く。

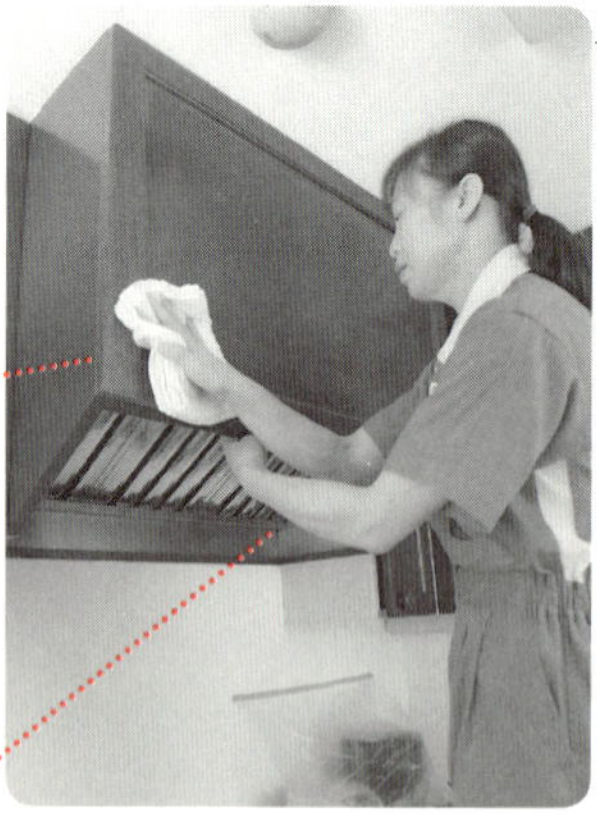

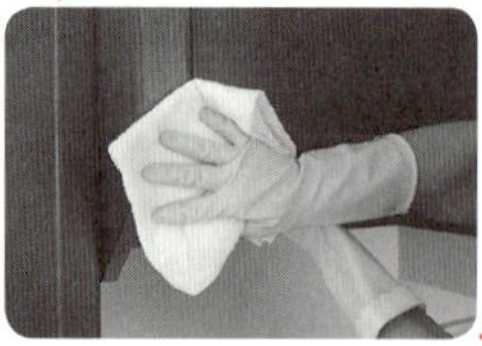

片手は常にどこかについて転倒を防ぐ

左右に拭くときなどは体が大きく振れることも。作業中は常にもう片方の手を安定した場所に置いて支え、ぐらつかないように注意して。

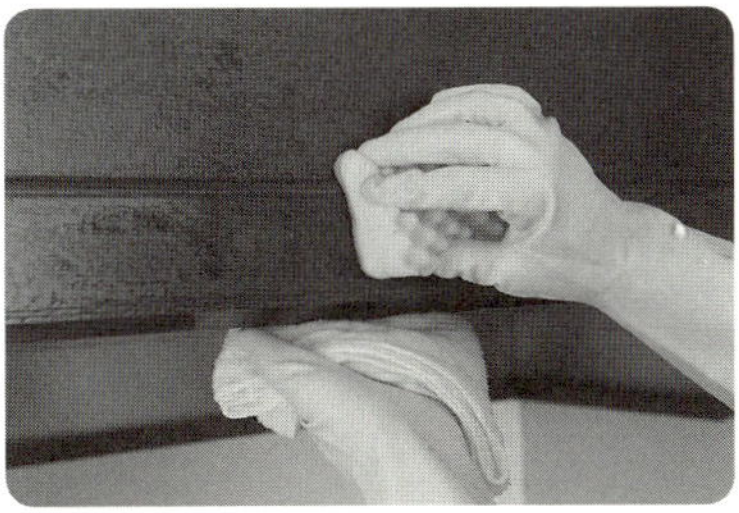

3 洗剤をなじませる

食器用洗剤（中性）を溶かした水で濡らして軽く絞ったタオルで、枠を取って拭く。さらに円を描くようにして拭き、十分に洗剤をなじませる。へりや壁も同様にして拭く。特に汚れている部分は、洗剤水を含ませたスポンジで拭く。

4 水拭き＆乾拭きして仕上げる

水けを軽く絞ったタオルで表面とへり、壁を水拭きする。軽く円を描くようにタオルを動かし、上部から下部の順に拭くと一度ですむ。その後、水分を残さないよう乾拭きする。

「高所の掃除」は思わぬケガに要注意！

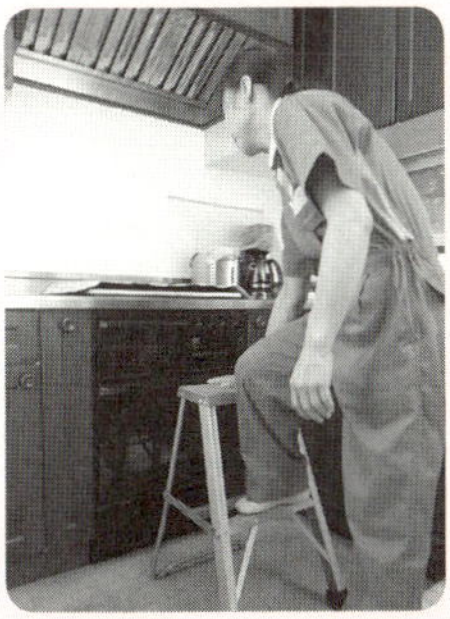

高い場所を掃除していて転倒する事故はとても多く、命の危険につながりかねないケースがあるので十分に注意してくださいね。踏み台を使うときは平らな場所に置き、まず１段目に片足をかけてぐらつきがないか確認し、それから上ってください。

換気扇の「分解掃除」はプロにまかせるのが安心です

換気扇内部の掃除の仕方を聞かれることが多いのですが、私はプロの清掃業者に依頼することをおすすめします。というのもパーツを取り外すのは簡単でも、組み立てが難しいからなのです。パーツ同士をつなぐ軸を引っぱって故障させたりすると、買い直しで数十万円の出費になることも。表面は家庭で、内部はプロにおまかせしましょう。

たまには、キッチンの床のしっかりお掃除

水けや油分を含んだ汚れがつきやすいキッチンの床は、こまめに拭いておきたい場所です。小さく範囲を決めて拭いていくと疲れにくいですよ。

1 洗剤水をスプレーする

全体に掃除機をかける（P92〜93参照）。その後、食器用洗剤（弱アルカリ性）を水に溶かして10％の濃度にした洗剤水を、床にスプレーする。この時、飛び散らないように片手でタオルを添える。

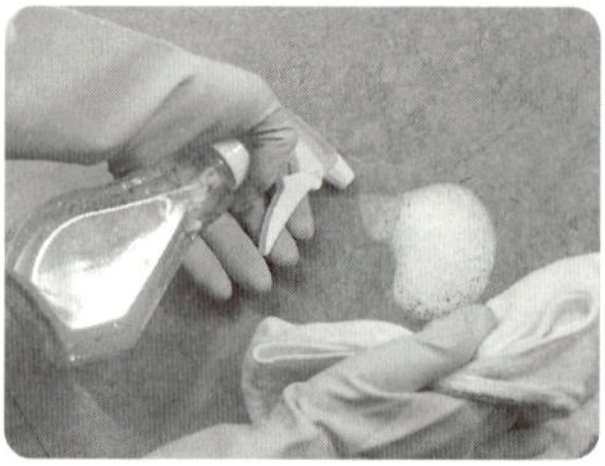

2 枠を取って水拭きする

肩幅など手の届きやすい範囲を決め、枠を取って（P50参照）水拭きする。

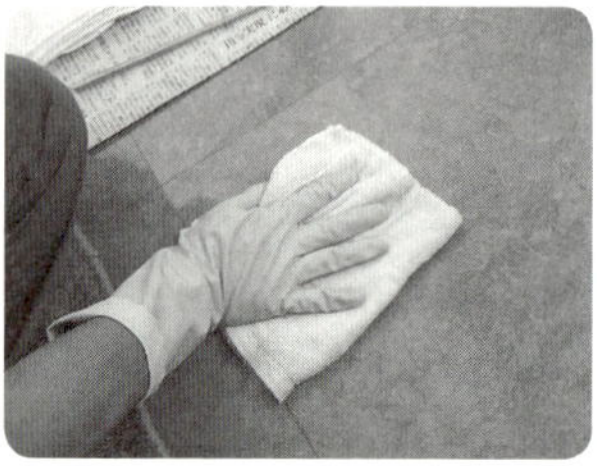

3 汚れた部分を（研磨材が入っていない）パッドでこする

水拭きで落とせない汚れは、洗剤水で濡らしたパッドでさらにこする。

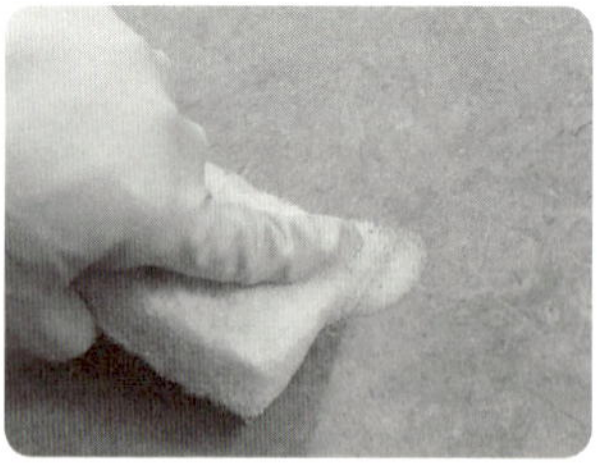

4 水拭きする

タオルの面をかえ、洗剤のついていない部分で枠を取って水拭きする。

床拭きするときは体の軸を中心に肩幅の範囲で

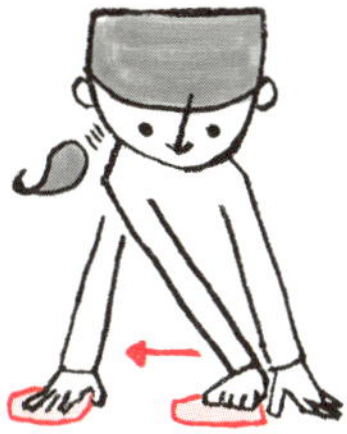

床を拭くときは端から端までひと息にやろうとすると疲れてしまいます。自分の正面、肩幅ぐらいの広さに範囲を限定すると拭きやすく、力も入れやすいです。腰を痛めないよう、常に片手は床に置いて支えます。またよく弧を描くように拭く人がいますが、それだと拭きムラが出がち。まず枠を取って内側を拭くやり方なら、拭き残しを防げますよ。

キッチンの床材はいろいろありますが……

水周りではクッションフロア(ビニール製の床材)がよく使われます。表面には凹凸があるので汚れが溜まるとやっかい。しかし、丈夫な素材でもあるので汚れが目立つようなら洗剤を使ったこすり洗いで対応します。ワックスがけをすると汚れがつきにくいので、1年に1度程度でもワックスがけをしてみてください。

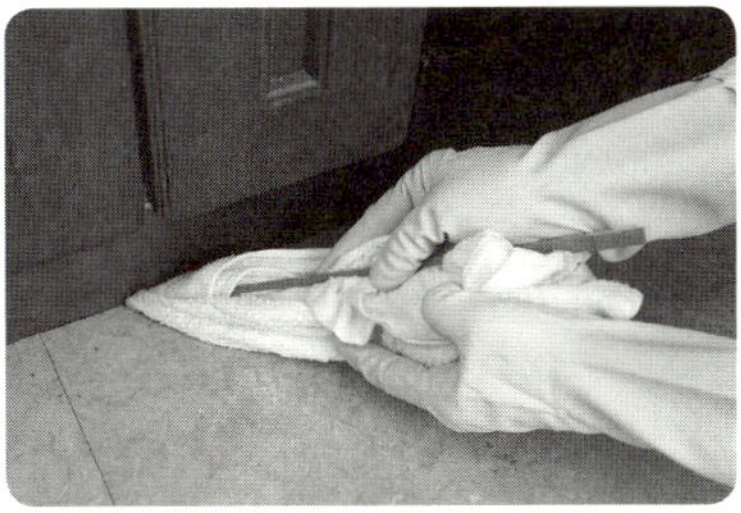

5 竹串＋タオルで端までキレイに

蹴込《けこ》みなどの境目は、竹串にタオルの洗剤のついた面をかけて差し入れ、こする。

6 乾拭きして仕上げる

タオルで枠を取って乾拭きし、ツヤを出して仕上げる。

たまには、冷蔵庫のしっかりお掃除

食品を収納する場所なので、できるだけ重曹を使ってナチュラル掃除を。ただし、除菌はしっかりと行い、衛生管理をきちんとしましょう。

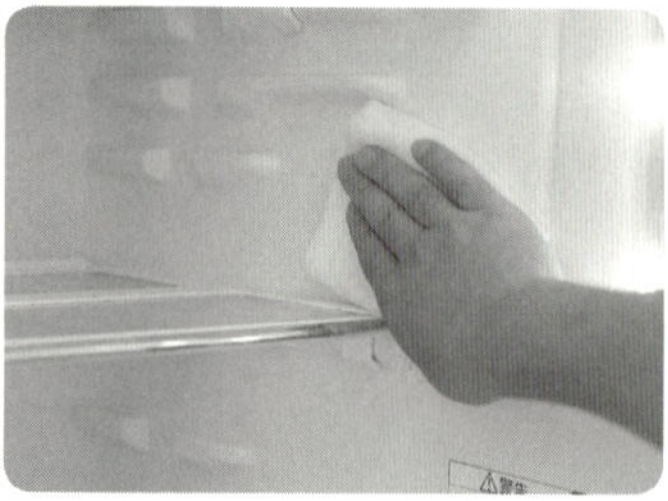

1

重曹水で湿り拭きする

ぬるま湯1ℓにつき重曹を小さじ2溶かした重曹水を作る。これに浸して絞った、湿り拭きタオルを作って扉や取っ手などを拭く。

2

庫内のパーツを浸けおきする

取り外せるパーツは重曹水に浸けおきし、汚れをゆるませてからスポンジでこすり洗いする。

冷蔵庫のお掃除ついでに在庫整理や温度確認も

賞味期限切れが近い食品や密閉容器に入れてそのまま……といった食品のチェックも行って。使いきってしまいたいものはドアの近くに配置がえをして忘れないようにします。わが家では冷蔵庫の中の温度もときどきチェック。電気代節約のためにドアカーテンをつけて、「出し入れのために電気をムダに放出」といったことは防いでいます。

3

庫内に新聞紙を敷いて養生する

日頃から冷蔵庫の棚ごとに新聞紙を敷いておくと、汁もれなどの汚れを防いで消臭効果も。汚れが気になったら取りかえて。

4

製氷器は分解して定期的に除菌を

製氷器や給水パーツはかびやすいので要注意。重曹水に浸けおきし、よく水洗いする。完全に乾燥させてから元に戻す。

5

外側を乾拭きしてツヤを出す

最後に表面を乾拭きして仕上げる。取っ手は両側からタオルで包むようにし、細かい部分は竹串にタオルをかけて拭く。

冷蔵庫は汚れやニオイをあらかじめ防ぎましょう

冷蔵庫はカビや虫がつかないよう、横と背面を壁から離して置きます。天面は油汚れがつきやすいのに拭きにくいので、新聞紙を敷いておきます。庫内はニオイがしみついてしまうと大変なので、キムチなどニオイの強い食品はジッパー式密閉袋に小分けした上でびんに入れ、フタをしっかり閉めて保存しましょう。

たまには、食器棚のしっかりお掃除

食器の出し入れでひんぱんに動かすため、ホコリは溜まりにくいですが、傷をつけないように注意が必要です。

食器の保護にも役立つ養生

ビニールシートで養生すると、汚れの予防になるのはもちろん、食器と棚がこすれて傷つくのを防げます。

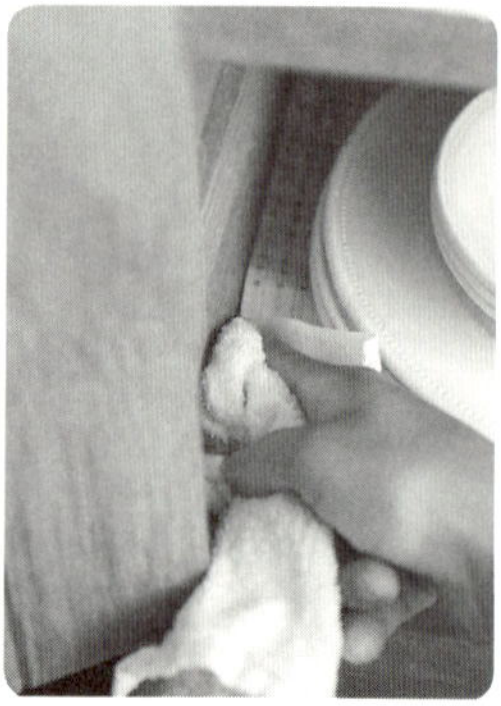

すきまは竹串＋タオルで

食器と棚のすきまは竹串にタオルをかけて差し込むと、奥まできれいに拭ける。

掃除に使うスポンジ類もしっかり除菌を

せっかく掃除しても、掃除道具自体が雑菌だらけなら、調理家電に再び菌を塗りつけるだけの結果になってしまいます。スポンジ類は掃除に使うたびに、酸素系漂白剤を溶かした水に浸けおきし、しっかり除菌。完全に乾かしてから、また次に使うようにしましょう。

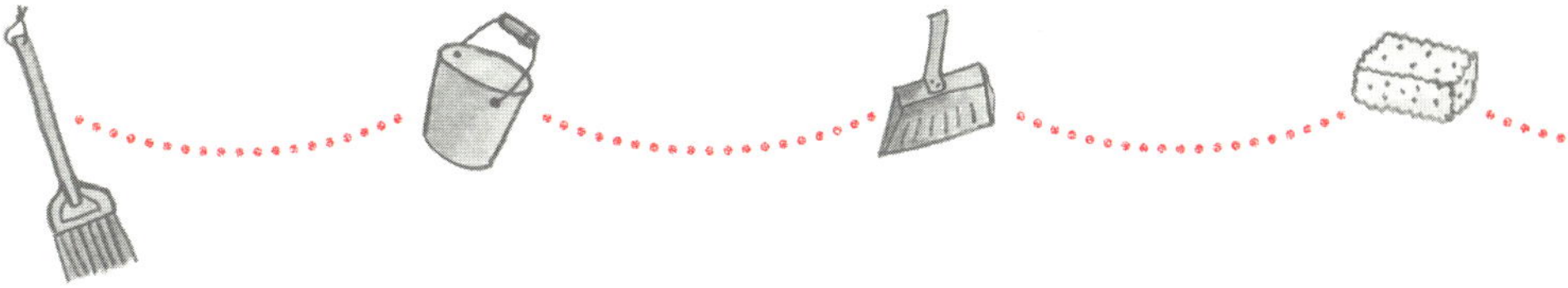

たまには、調理家電のしっかりお掃除

使う機会の多い家電は、お手入れしだいで効率や仕上がりが変わってくることも。オープン収納の場合は布でカバーするなど、汚れない工夫も大切です。

炊飯器

湯気の吹き出し口が目詰まりしないよう、綿棒やつまようじでこまめに拭き取る。外釜の表面は水拭きし、内釜はパッドでこすり洗いする。内ブタは外して水洗いし、定期的に消毒を。

オーブン機能つき電子レンジ

使用後、熱いうちに濡れタオルで庫内とドアの内側を拭く。その後、自然に冷めるまでドアを開けておくとニオイがこもらない。冷めたらカバーをかける。

オーブントースター

使用後はすぐ受け皿などパーツを外し、水に浸けおきしてから洗う。本体の外側は熱いうちに水拭きし、冷めたらカバーをかける。トースターは分解掃除できないので、予防が重要。

電気ポット

下にタオルを敷き、給水口のカルキを竹べらや竹串で削り落とす。外側や取っ手は水拭きし、また定期的に重曹水をつけたタオルで拭いた後に水拭きする。フタが外せるものは定期的に外して重曹水に浸けおきした後、水洗いする。

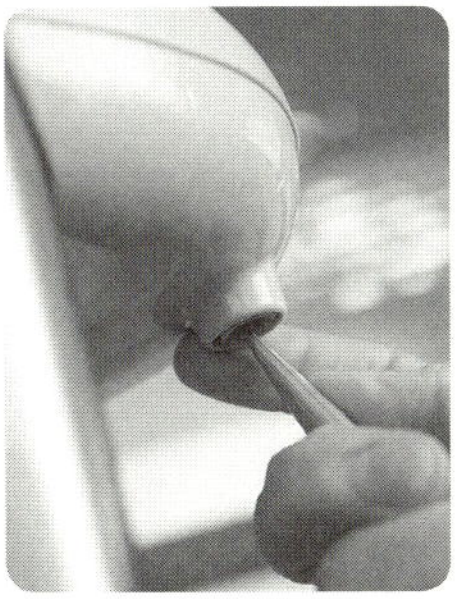

新津の
極意

ちょっとした「ついで」にチェック!

リビングの「ついで掃除」――これだけでOK!

家族が毎日の大部分を過ごす場所だけに、できるだけ汚れを溜めないようにしたい場所。床やテーブルなど面積の広い場所を「ついで掃除」でキレイにしましょう。

1 床のホコリを取る

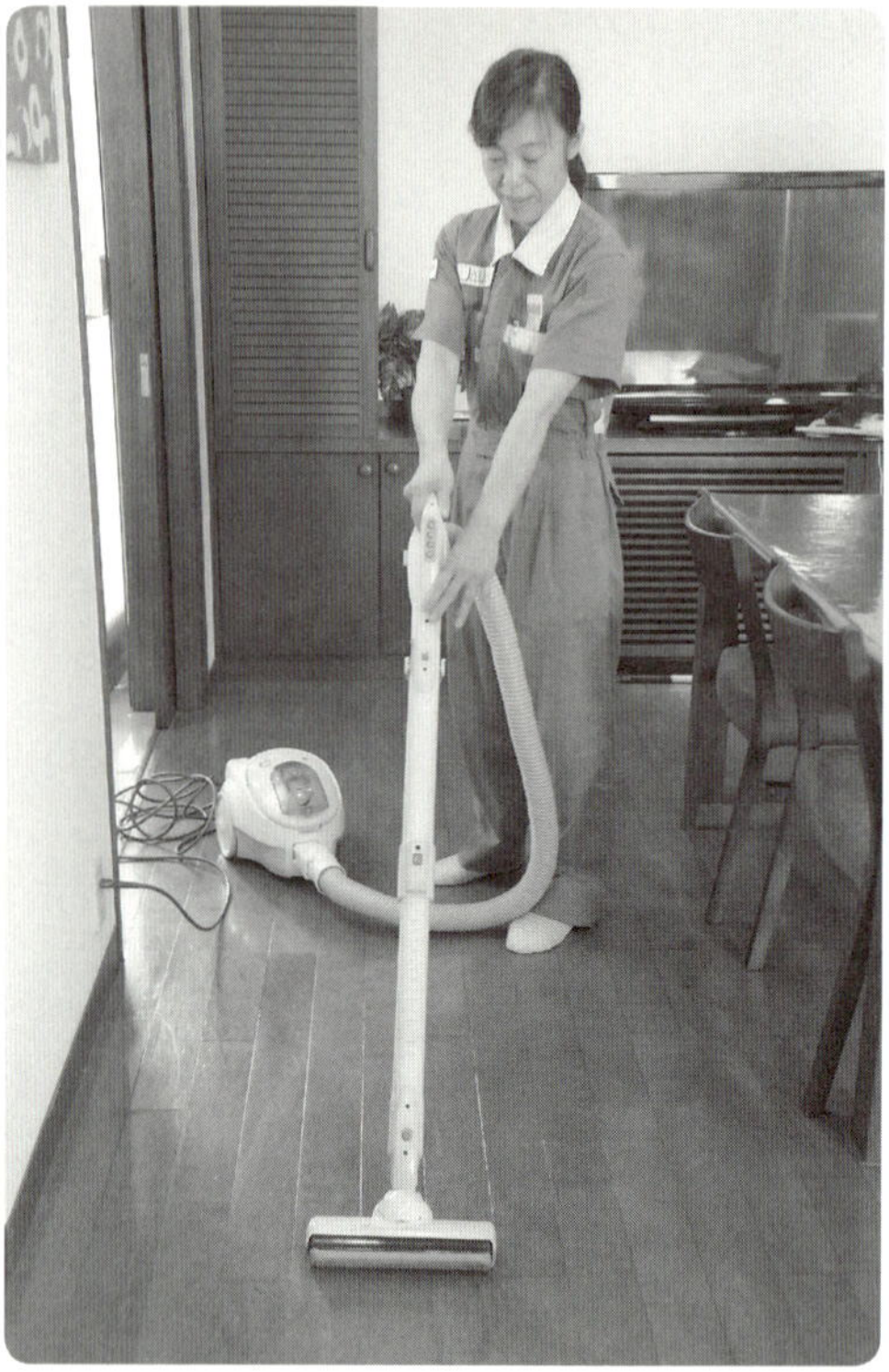

床にはこまめに掃除機をかけるようにします。特にフローリングの床はホコリが目立つので、ちょっとした「ついで」のお手入れが必要です。

❷ テーブルの上を拭く

リビングテーブルや食卓の上は、食事のとき以外はモノを置かないようにしましょう。P50を参考にテーブルを拭きます。

❸ ソファの汚れをチェックする

特に革張りなど天然素材のソファは、水をこぼしたまま放置するとシミやヒビ割れの原因に。異常がないか確認を。

❹ クッションのホコリを取る

クッションにホコリがついていないか確認し、ついていたら掃除機で吸い取ります。

❺ テレビのホコリをチェック

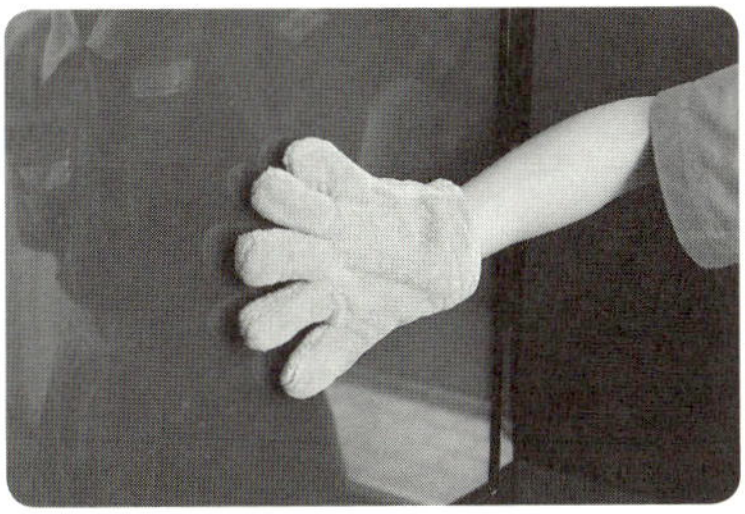

マイクロファイバー製の手袋をはめ、画面を乾拭きします。段差に指が当たるようにし、細かい所のホコリも取りましょう。

❻ 電化製品の手アカを確認する

リモコンや電話機、インターフォンなどよく触れる小物に手アカがついていないか確認しましょう。

たまには、床&カーペットのしっかりお掃除

フローリングはホコリが溜まりやすいので、あまり間を置かずに掃除機がけを。狭い部屋なら週1回でも大丈夫です。カーペットやラグは重曹で洗うと消臭効果も期待できます。

フローリングの場合

掃除機使い プロのコツ

コードをすべて出す

コードを中途半端に出しておくと、掃除機を引き寄せたときに引っぱられて傷つくおそれが。あらかじめコードは限界まで引き出しておく。ねじれている場合はしごいてからまりをほぐす。

ホースが伸びる範囲で区切ってかける

広い場所は一度にかけようとせず、自分の腕で掃除機のホースを無理なく伸ばせる距離を目安に、範囲を区切りながらかけるとスムーズ。1mずつかけ進めるイメージで。

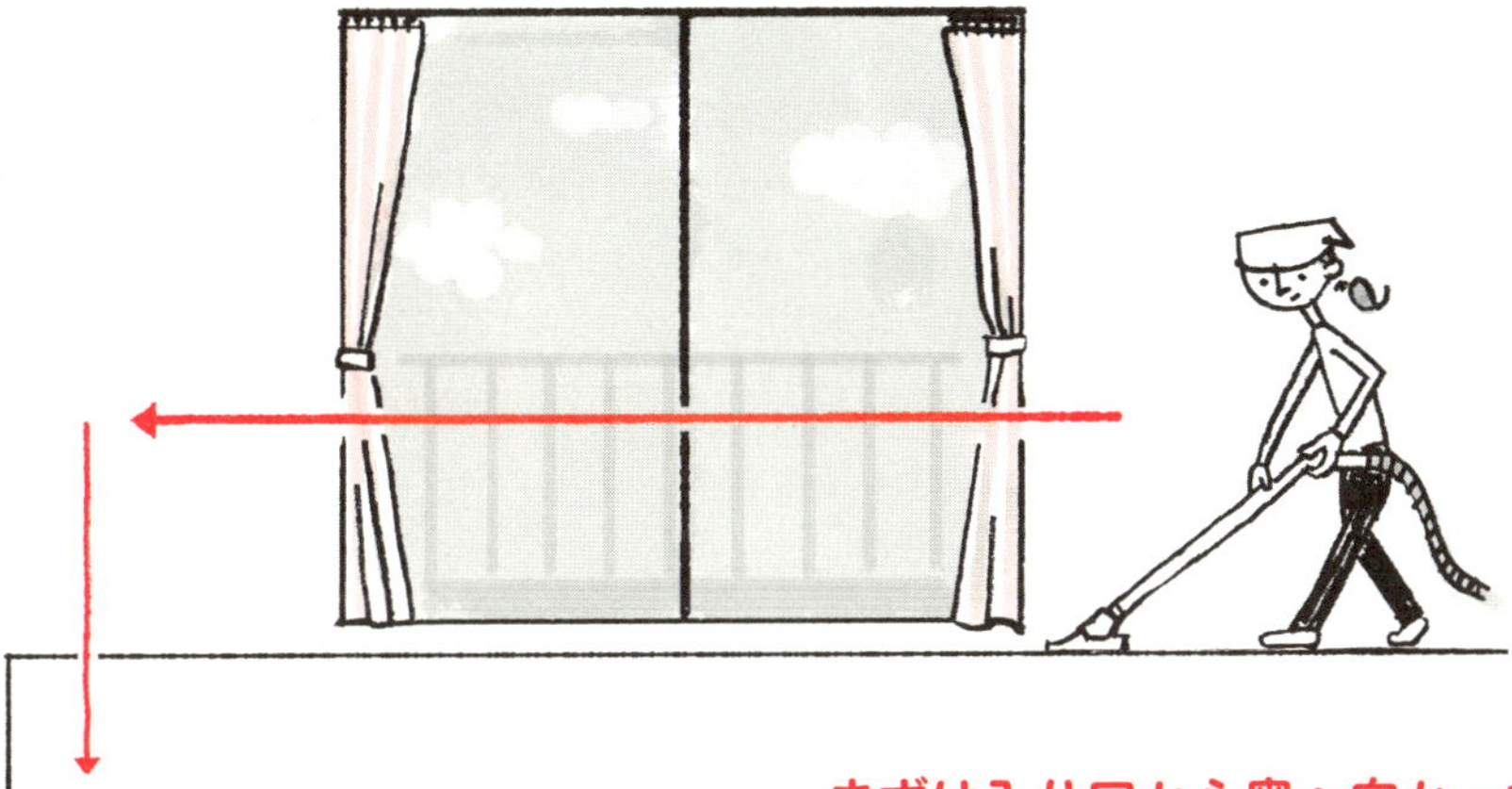

まずは入り口から奥へ向かって掃除機をかけはじめる

効率的に掃除をするために床に置いてあるものを片づけてからスタート。掃除機は入り口付近のスペースからかけはじめ、徐々に奥に向かう。このとき部屋をコンセントがある場所にいくつかブロック分けし、コードを差しかえながら行う。最後は入り口付近に戻ってきて一周するイメージで。掃除機は自分の身長の半分くらいの長さを１ストロークとして、前後５秒くらいを目安に。早すぎたり床に押しつけるようにして力を入れすぎるとしっかり吸引できず、ノズルに負担がかかるので注意して。

常に掃除機は手元に引き寄せる

掃除機を離したままホースを伸ばしてかけつづけると、角を曲がるときなどに家具にぶつけるおそれがある。常に掃除機を体のすぐ後ろに置くようにこまめに引き寄せる。

引き寄せるときはコンセントを確認する

掃除機を引き寄せるときはコンセントを目で見て、コードがゆがんだり外れたりしていないか確認する。無理に引っぱると断線したりショートしたりするので注意。

デッキブラシ使い
プロのコツ

フローリングモップいらずの デッキブラシのタオル包み

フローリングモップを用意しなくても、デッキブラシ(P59参照)をタオルで包んだものでOK。食器用洗剤(中性)をぬるま湯３ℓに対し10cc溶かし、タオルを濡らしてかたく絞る。２つ折りにしたタオルにブラシを斜めに置いて四方から包み、端をゴムで結ぶ。端がゆるむようなら洗濯ばさみで留める。

腰を
曲げない！

幅木の部分は手前→奥へ拭く

幅木(壁の最下部の床に接する所に張る横板)の横に立ち、ブラシを当てて手前→奥へ拭き進める。逆に拭くと真後ろへ下がることになり、拭いた場所を踏んでしまう。

バケツから遠い場所から バケツに向かって拭く

バケツから遠い位置からバケツへ向かって拭き進めると、汚れたタオルを洗うのがラク。腰を曲げず背すじを伸ばして肩幅に足を開き(体への負担を少なくするため)、ブラシを手前→奥、奥→手前と往復させる。次に移るときは拭いた所を３㎝ほど重ねると拭き漏れを防げる。拭いた所は踏まないように。

カーペットの場合

※丸洗いできないものの場合。

重曹水をタオルに含ませ表面を拭く

重曹を溶かしたぬるま湯でタオルを濡らしてかたく絞る。基本の８つ折り（P47参照）をさらに横に折って16折りにし、端側を指で押さえ、力を入れずに表面を拭く。毛足を立てた側から始め、縦・横交互に拭く。タオルは端→内側へ向かって動かす。

毛足の長いものはタワシで立たせる

まず亀の子ダワシでなでてカーペットの奥に入り込んだゴミやホコリをかき出す。毛並みに対して逆立てる方向へタワシをかける。

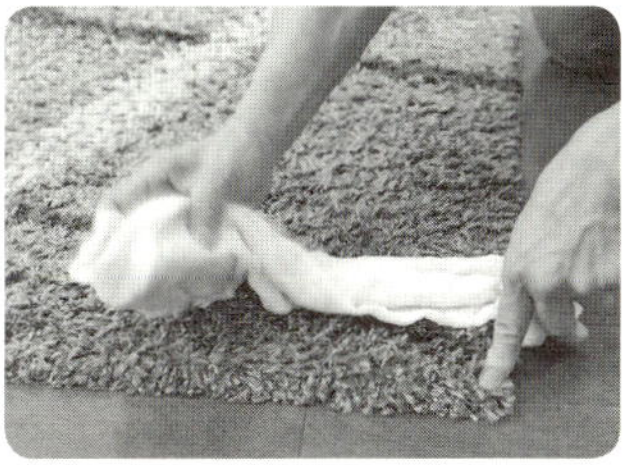

毛足の奥は「タワシのタオル包み」で

タオルを洗って絞り、縦２つ折りにする。亀の子ダワシを縦にのせてタオルを巻き（P57参照）、片手で引きながら円を描くようにこする。タオルが汚れてきたら、少しずつずらして拭く。その後、乾いたタオルでタワシを包んで乾拭きするか、干して自然乾燥させる。

毛並みを意識しながら掃除機をかける

毛足を逆立てる方向に掃除機をかける。足でカーペットがずれないよう押さえ、手前→奥へかける。１列かけたら、横にずらしてかけ進める。

たまには、ソファのしっかりお掃除

ソファや椅子の座面は、材質によりお手入れ方法が異なります。特に革製品には注意が必要です。クッションも同じやり方でケアできますよ。

布製の場合

1

掃除機のヘッドを外してホコリを取る

洋服ブラシで表面のホコリを払い、ハンディークリーナーかヘッドを外した掃除機をかける。特に角の部分はホコリが入り込みやすいのでていねいに。

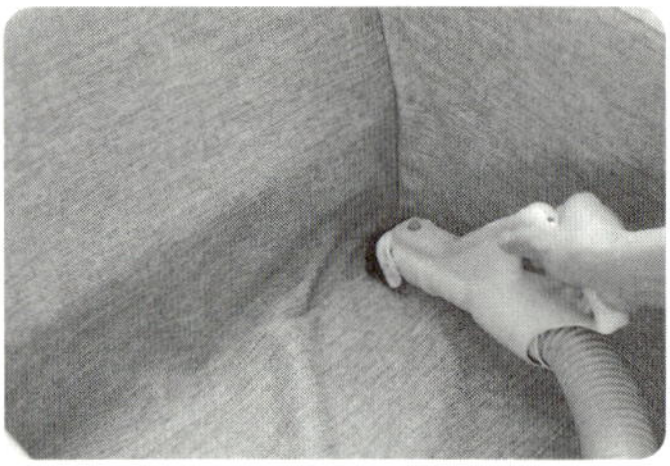

合皮や革製の場合

1

かたく絞ったタオルで拭く

食器用洗剤（中性）をごく少量水に溶き、タオルを浸してかたく絞る。革に水分が浸透しないよう、手早く表面を拭く。

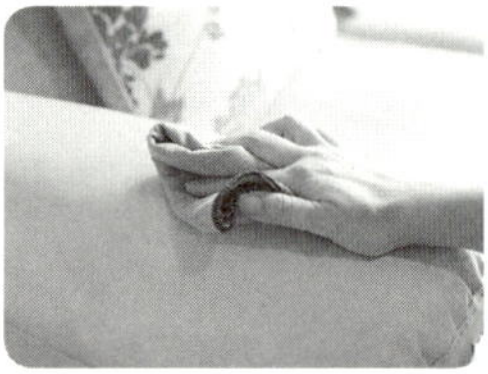

2

マイクロファイバー製のクロスで乾拭きする

汚れが落ちたら、ケバ立ちにくいマイクロファイバー製のクロスで乾拭きする。ソファ全体やクッションなどすべてを拭き終わったら、よく乾燥させる。

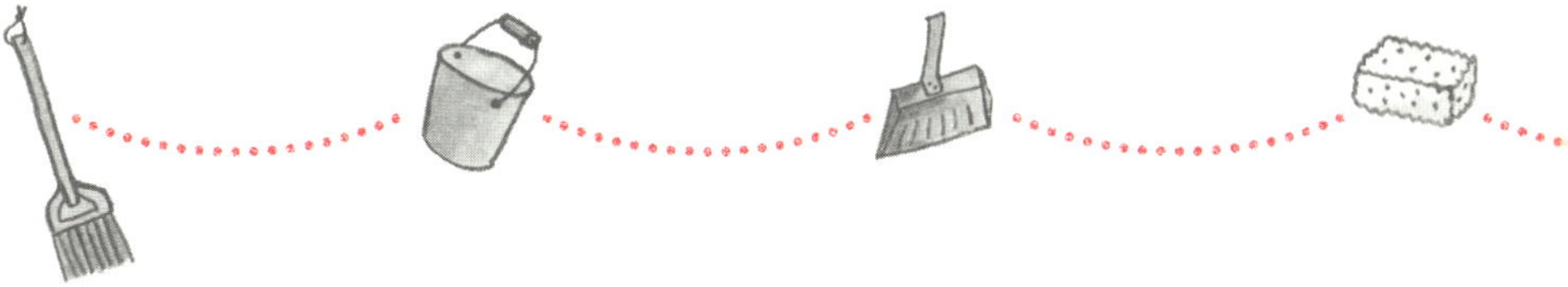

2

ニオイや除菌は重曹水で

ぬるま湯に重曹を溶かし、タオルを濡らしてかたく絞る。亀の子ダワシを包み、円を描くようにこする。特にひじ置きは皮脂や手アカで汚れやすいのでしっかりと拭く。

3

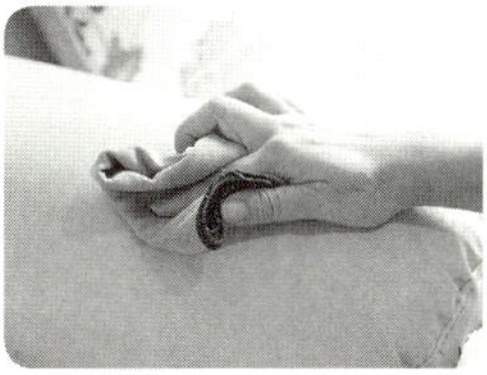

革用クリームを塗ってカバーする

革製品専用のクリームを塗り、栄養を与えつつ汚れをカバーする。シミや変色の原因になるので、靴クリームなどで代用しないこと。

たまには、カーテンのしっかりお掃除

ホコリの溜まりがちなカーテンは、春・秋ごとに洗濯を。また、部屋の換気が不十分だとニオイを吸収してしまうので、日頃から風通しをよくする習慣をつけましょう。

1

洗う前にホコリを払う

いきなり洗うとホコリを取りきれないので、まずはカーテンを外し、マスクをしてベランダでブラシをかけて払う。または掃除機をゆっくりと全体にかける。

2

洗える素材は吊り干しにする

型崩れ防止に毛布用の大きな洗濯ネットを二重にしてカーテンを入れ、洗濯機へ。洗濯洗剤に浸けおきしてから大物コースで洗う。カーテンランナーも浸けおき洗いする。カーテンレールに吊るして自然乾燥させる。

たまには、リモコン スイッチのしっかりお掃除

ボタンの多い電化製品は洗剤が内部に入る危険をなくすためにも、こまめに水拭きして汚れを溜めないのがベスト。テレビを見たり電話しつつの「ながら掃除」が効きますよ。

1

タオルの上にひとそろい置いて作業する

タオルを敷いた上にリモコンや電話機など、掃除したいものをまとめて置く。

2

汚れは洗剤をつけたタオルでなで拭き

表面をタオルで水拭きする。落ちない汚れは食器用洗剤(中性)をつけたタオルで表面をなでるようにして汚れを拭き取る。その後水拭き→乾拭きを。内部に洗剤液が入り込まないように注意。

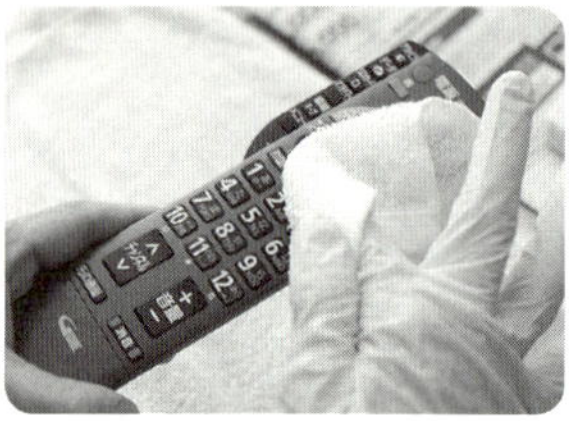

3

すきまのゴミは竹串でかき出す

ボタン部分のすきまに細かいゴミが溜まりやすいので、竹串やつまようじでかき出す。力を入れすぎて傷つけないよう注意する。汚れ防止にあらかじめカバーをかけておくとよい。

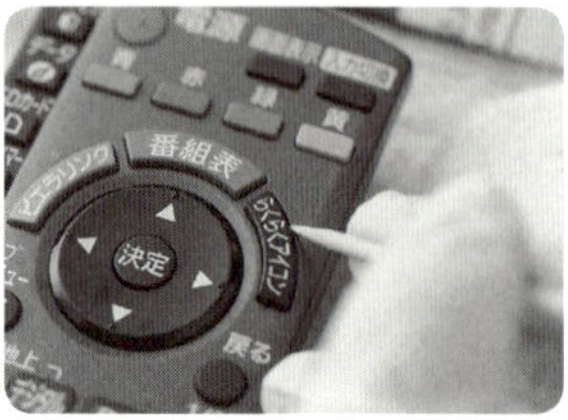

たまには、窓周りのしっかりお掃除

外気にさらされる外窓はもちろん、内窓も意外と汚れています。
窓がピカピカだと部屋が明るくなり、とても清潔感のあるおうちになりますよ。

1 掃除道具を用意する

洗剤が床材につくとシミになるおそれがあるので、窓の下をマスカーや新聞紙で養生する。

2 タオルで洗剤水を塗るように水拭きする

食器用洗剤（中性）を水3ℓに対し小さじ2入れて溶かし、タオルを浸してゆるく絞る。ガラスを上から下へ拭く。上部はデッキブラシをタオルで包んだものを使うと拭きやすい。

デッキブラシ
＋タオルでもOK

3 腕を大きく動かしてまんべんなく拭く

ガラスの下部はしゃがんでタオルを使って枠をとって左右に動かし、まんべんなく塗布して、車のワイパーのように腕を大きく動かす。

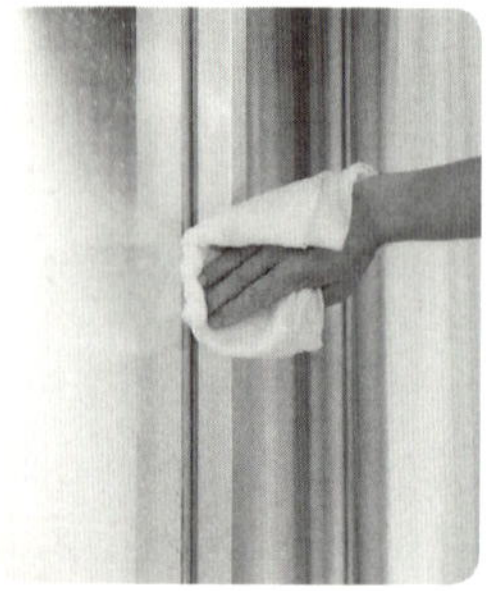

④ サイドを一気に拭き上げる

ガラスを拭き終わったら、サッシの縦部分をタオルで水拭きする。

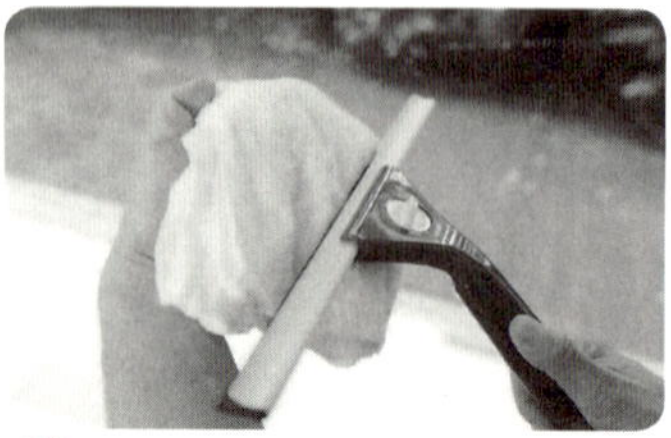

⑤ スクイージーを濡らす

使用前に濡れタオルにスクイージーのゴムの部分を当て、湿らせてすべりをよくする。

⑥ 上から腰の高さまで一気に拭く

片手にスクイージー、片手にタオルを持ってガラスの正面に立つ。上部→腰の高さまでまっすぐに、スクイージーを斜めに傾けて水を１か所に集めながら引き下ろす。このとき、ゴムが窓に対して45度の角度で当たるように寝かせ、一気に引き下ろすときれいに拭き上がる。

スクイージーのかけ方

右利きの場合、向かって左からスタート。ゴムの部分が浮かないようガラスにぴったりとつける。スクイージーを当てた面からまっすぐ下ろす。水がゴムの面に溜まってくるので、スクイージーを斜めに傾けて水を集め、タオルで吸い取る。この動作を繰り返してまずは上半分のガラスをきれいにしたら、次は下半分を行う。スクイージーはゴムの部分に傷がつくと拭きムラができて使いものにならなくなるので、扱いに注意を。

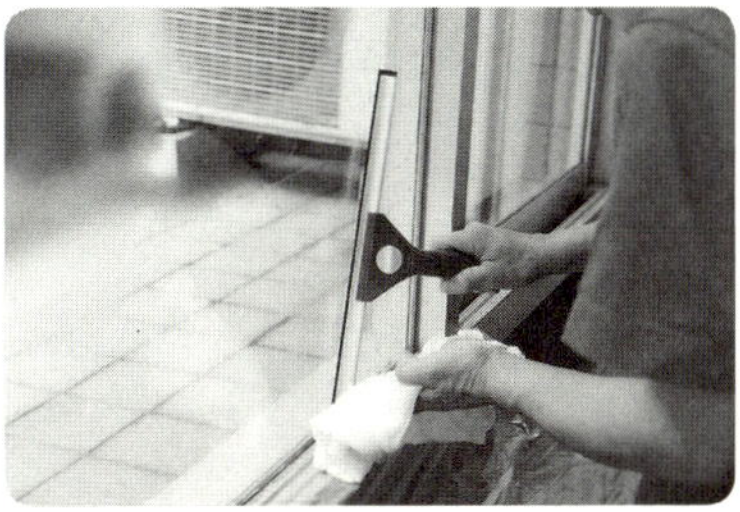

7 下ろして溜まった水を受ける

下部はしゃがんで左端→右端ぎりぎりまで一気にスクイージーを動かし、上から下へ順に拭く。一番下まできたら、最後はかたく絞ったタオルをサッシに当て、いっしょに動かして拭く。タオルをガラスに当ててしまうと跡が残るので注意。

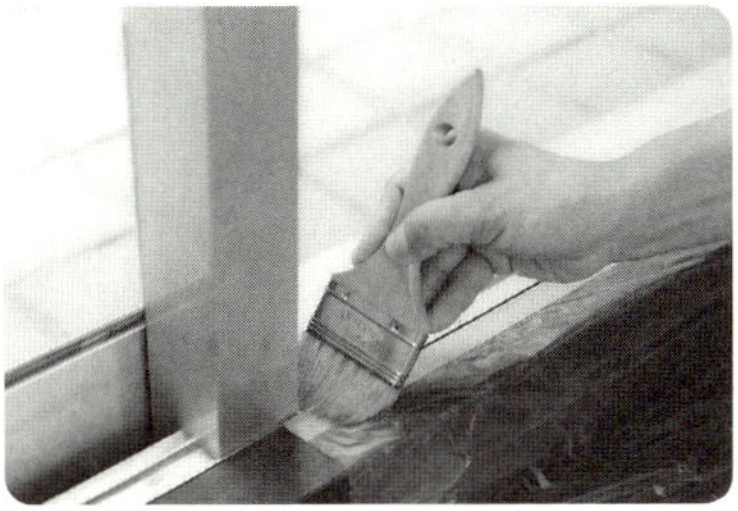

8 サッシのホコリはハケで掃き集める

サッシを乾拭きし、水分を完全に取り除く。ハケを端から反対側へすべらせてホコリを1か所に集め、手前に掃き出すか掃除機で吸い取る。

結露で家を傷ませないよう、まめにお手入れを！

結露が発生すると、カビやダニが発生しやすくなります。家が傷むだけでなく、アレルギーなどのもととなり、家族の健康をおびやかすことにもなりかねません。特に冬は暖房器具で暖められた室内と外との気温差で結露が発生しやすくなります。こまめに換気をして室内の空気に含まれる水蒸気を外へ逃がすようにしましょう。

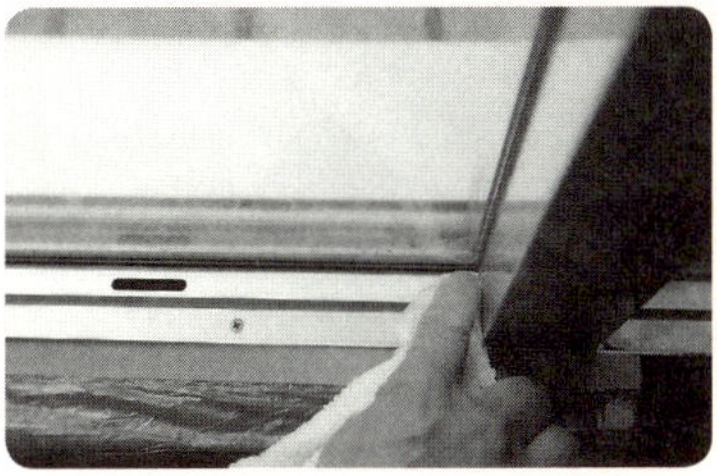

窓の外側はサッシの汚れを重点的に

ブラシやタオル巻きの竹べらで砂ボコリを払う

ホウキやデッキブラシで全体のゴミを取った後、ハケでサッシの溝を払い、おおまかにホコリやゴミを取り除く。上からタオルでつまむようにしてサッシを水拭きする。細いレール部分は、竹べらにタオルを巻いて水拭きする。ストッパーを外せる場合はそこも拭く。

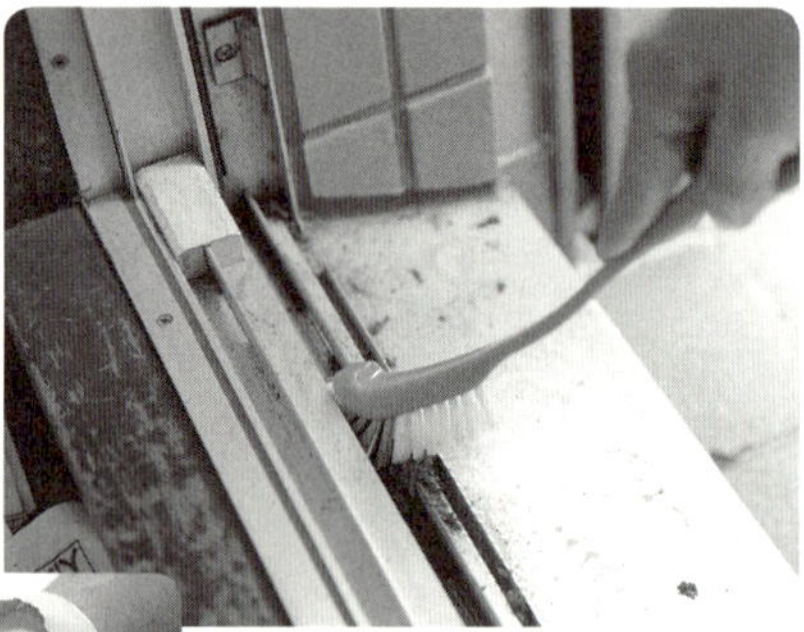

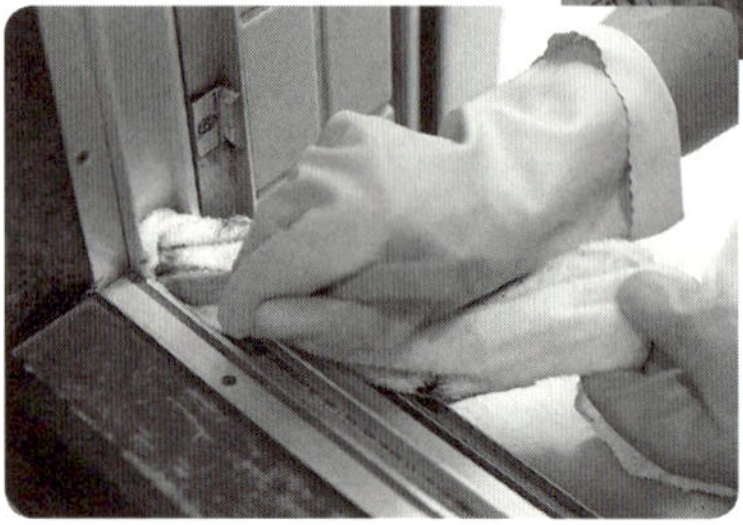

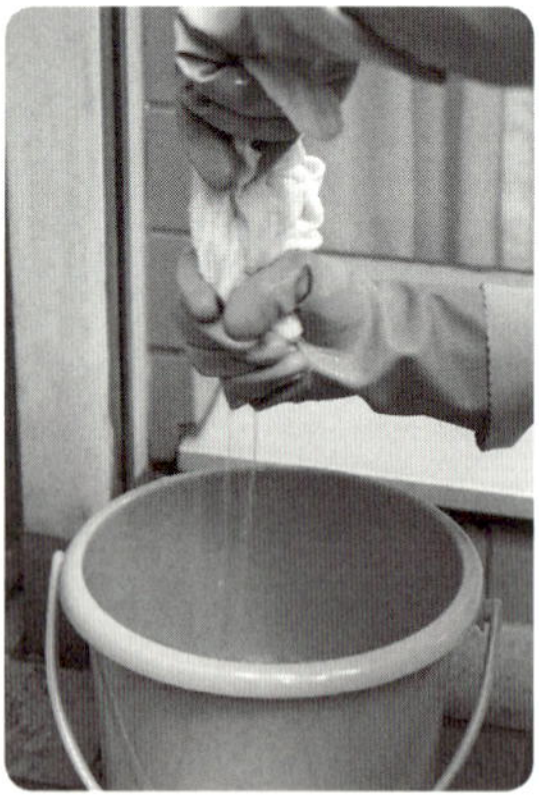

網戸の汚れ落としは慎重に

網戸の汚れは排気ガスを含んでいるので中性洗剤では落としきれません。プロの清掃員は高圧洗浄機を使いますが、家庭の掃除ならぬるま湯に洗濯用の粉石けん、もしくは中性洗剤を溶いて浸したタオルで拭き上げるか、柄つきスポンジに含ませて表面をこすって流すのがおすすめです。力を入れすぎたり、片面だけホースで水をかけたりすると網が伸びて戻らなくなるので、ご注意を。

水拭きの後は自然乾燥

内窓と同じように(P99参照)ガラス部分を水拭きし、自然乾燥させる。

たまには、和室のしっかりお掃除

和室の畳は自然素材でできているだけにデリケート。畳の目に入り込んだホコリを取り除き、水分を残さない湿り拭きでスッキリ！　色あせ防止に意外なものも役立ちますよ。

1 掃除機はゆっくり動かす

畳の目にそって、掃除機をかける。デコボコが多いので、ゆっくり長い時間をかけて往復させる。

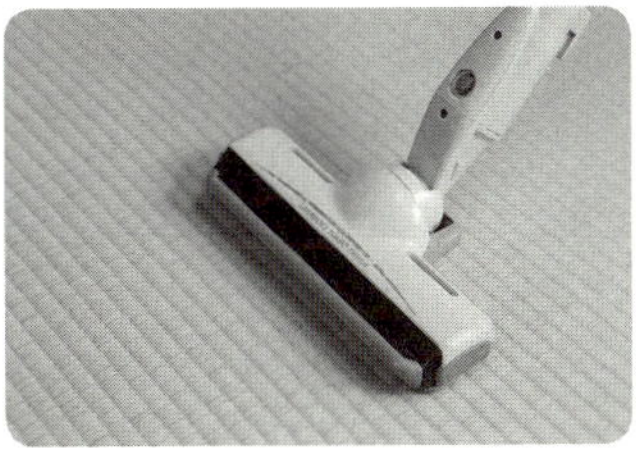

2 湿り拭きで水分を残さない

畳に水けが残るとカビのもとに。水分のごく少ない湿り拭きタオルで拭けば、一度拭きでもよけいな水分を残さずきれいに拭ける。

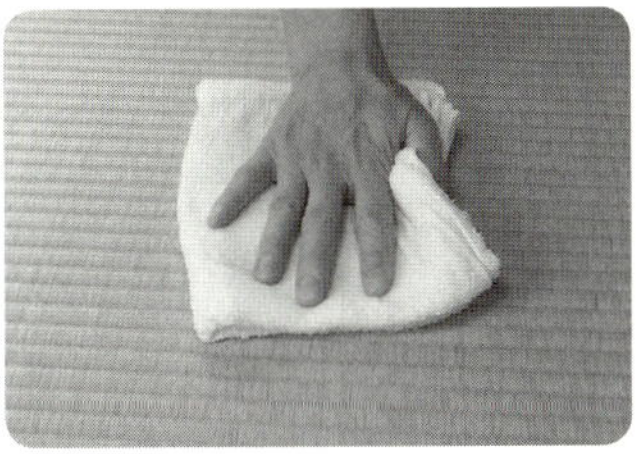

畳は「お茶拭き」で ホコリ取り＆色あせ防止

わが家では畳に掃除機をかけるとき、茶葉を使います。出がらしをタオルに包んでぬるま湯に入れてかたく絞り、畳へ振りかけて亀の子ダワシやホウキで掃きのばします。茶葉が乾いたら、掃除機で茶葉ごとホコリを吸い取ります。茶葉がホコリを吸収し、畳の退色も抑えてくれるようです。畳が緑なら緑茶、茶色なら番茶がおすすめ。

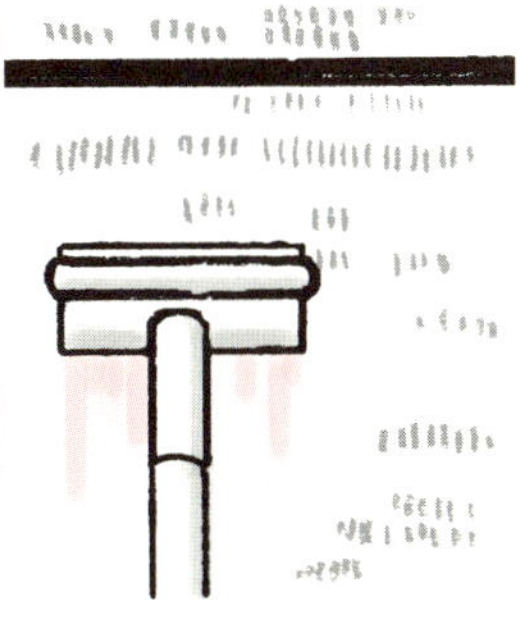

たまには、エアコンのしっかりお掃除

エアコンが汚れていると、部屋全体ににごった空気が行きわたってしまいます。外側はこまめに拭き、内部の複雑な分解掃除はプロにおまかせしましょう。

1 フィルターのホコリを取る

大きめのシートの上にフィルターをのせ、アーチ部分が折れないように手で押さえて掃除機でホコリを吸い取る。プラスチック部分にカビが生えたら、重曹水に浸けおきして乾かす。網部分にカビが生えたら買いかえが必要。

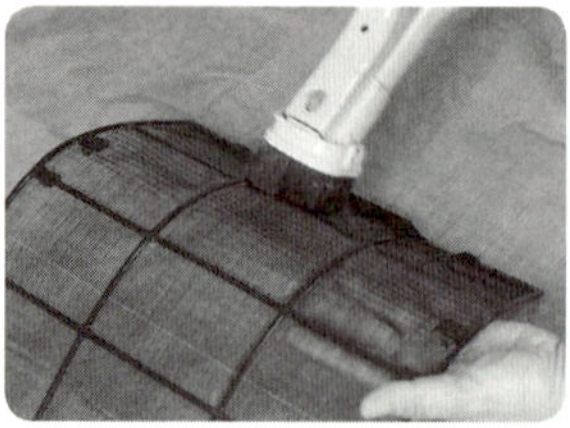

2 表面の拭き掃除は一方向で

重曹水に浸してかたく絞ったタオルを持ち、外側から拭く。タオルを縦２つ折りにし、一方向に拭く。往復させるとタオルの汚れが再付着してしまうので注意。

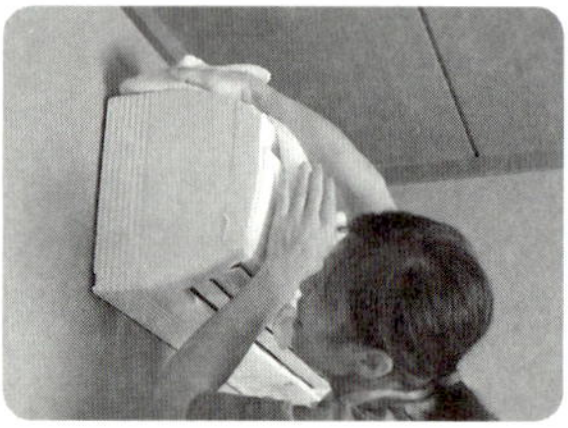

3 送風口と内部を拭く

送風口はルーバーを手で押さえながら、重曹水に浸してかたく絞ったタオルで拭く。フタは開けると固定されるので、中をザッと拭く。これ以上の分解作業はプロの業者へ依頼を。タオルで外側を乾拭きして仕上げる。

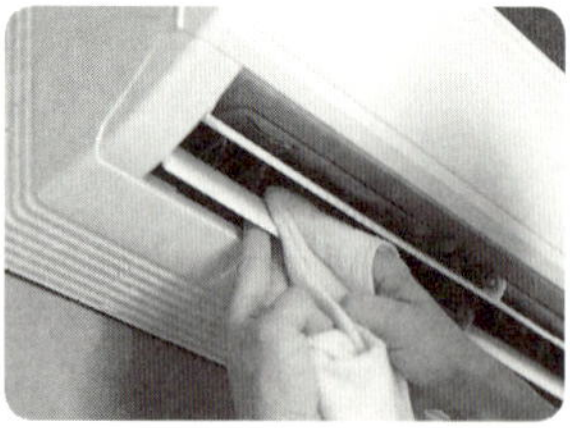

4 ５分ほどエアコンをかけて乾燥させる

掃除し終わったら５分ほどエアコンを運転し、乾燥をかねて、異音がしないか、パーツがはまっているかなど、正常に作動するか確認する。

COLUMN

覚えておくと気持ちいい！

お部屋スッキリのコツ

モノの角をそろえて置く

テーブルや床にはなるべくモノを置かないようにしますが、どうしても置くときは角をそろえて。デコボコを減らすとまとまって見え、スッキリした印象になります。

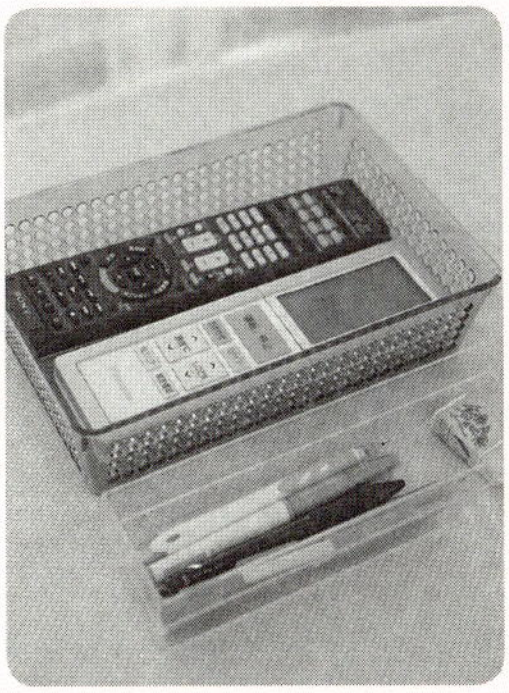

小物はクリアな容器にまとめる

文房具などの小さなアイテムは、透明な容器に入れると見失わず、探すのもラクです。中身がすぐにわかると、同じものをムダにいくつも置いたりせずにすみます。

「とりあえず置き場」を作る

ちょい置きをなくすのが、ごちゃつきをなくすコツ。トレーなど一時置き用のスペースを作り、そこ以外に置かないようにします。掃除の際もトレーごと動かせてやりやすくなります。

風通しと湿度管理が〝予防掃除〟に 新津家は〝閉めっぱなし〟を避けます

湿度が高すぎ、換気の悪い家はカビや雑菌が繁殖しやすくなります。これらを防げば、家のダメージを抑えて掃除の手間を省く〝予防掃除〟に。わが家では来客時以外、家じゅうの戸や扉を開けておきます。特に押し入れは両サイドを開け、収納ケースも少し引き出して風通しをよくします。オープン収納にすることで、ホコリや汚れがチェックしやすくなります。

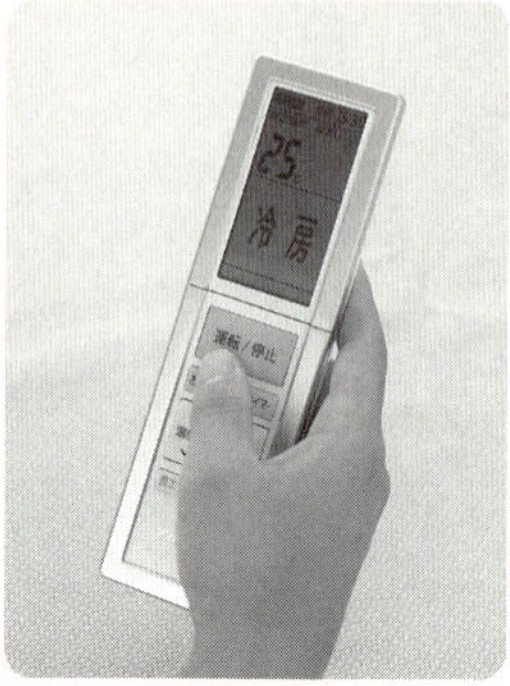

部屋の湿度を最適に保つ

部屋には湿度計を置き、40～60％を目安に保つとカビなどが生えにくくなります。ただしエアコンのドライ運転を続けるとのどが痛くなったりかゆみが出ることもあるのでご注意を。

4章

浴室・トイレ・洗面台の
悩みを一気に解消

サニタリーの掃除

体をきれいにするための場所ですから、
そのものもきれいでないと意味がありません。
水周りならではのカビや雑菌にも
細心の注意を払ってお手入れしましょう。

新津の極意

浴槽の「ついで掃除」――これだけでOK!

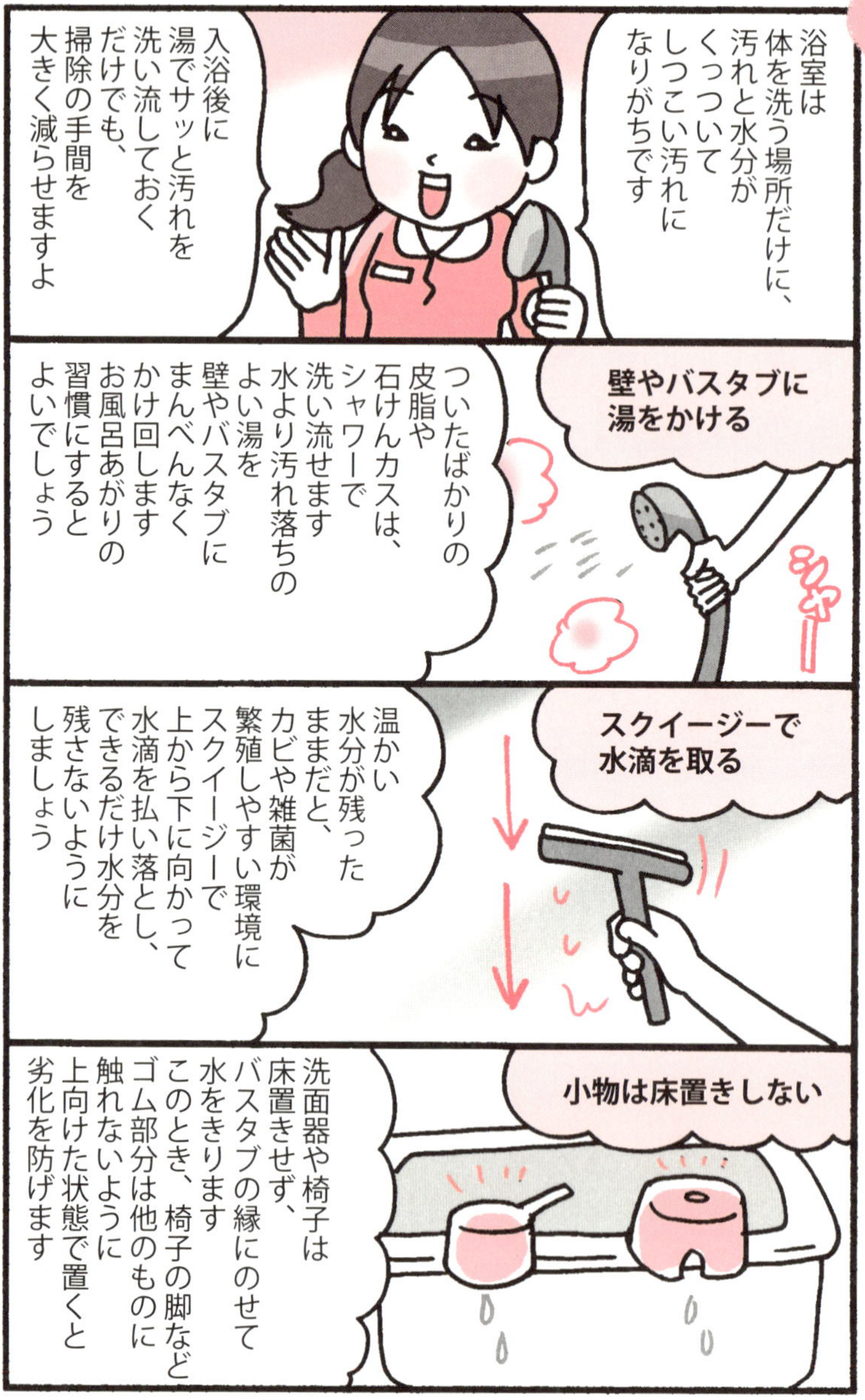
浴室は体を洗う場所だけに、汚れと水分がくっついてしつこい汚れになりがちです
入浴後に湯でサッと汚れを洗い流しておくだけでも、掃除の手間を大きく減らせますよ
壁やバスタブに湯をかける
ついたばかりの皮脂や石けんカスは、シャワーで洗い流せます 水より汚れ落ちのよい湯を壁やバスタブにまんべんなくかけ回します お風呂あがりの習慣にするとよいでしょう
シャー
スクイージーで水滴を取る
温かい水分が残ったままだと、カビや雑菌が繁殖しやすい環境に スクイージーで上から下に向かって水滴を払い落とし、できるだけ水分を残さないようにしましょう
小物は床置きしない
洗面器や椅子は床置きせず、バスタブの縁にのせて水をきります このとき、椅子の脚などゴム部分は他のものに触れないように上向けた状態で置くと劣化を防げます

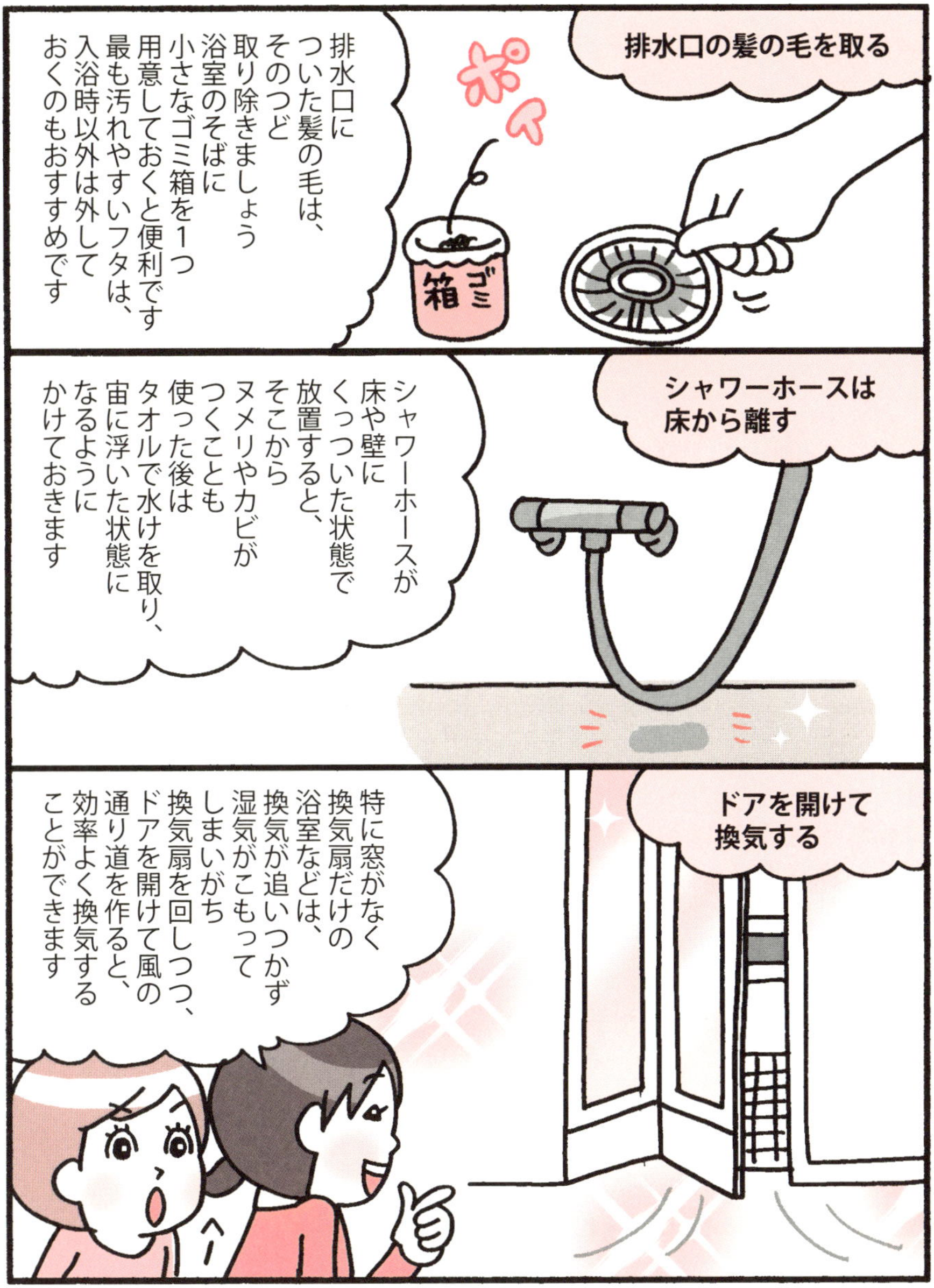
排水口の髪の毛を取る
ポイ
ゴミ箱
排水口に
ついた髪の毛は、
そのつど
取り除きましょう
浴室のそばに
小さなゴミ箱を1つ
用意しておくと便利です
最も汚れやすいフタは、
入浴時以外は外して
おくのもおすすめです
シャワーホースは
床から離す
シャワーホースが
床や壁に
くっついた状態で
放置すると、
そこから
ヌメリやカビが
つくことも
使った後は
タオルで水けを取り、
宙に浮いた状態に
なるように
かけておきます
ドアを開けて
換気する
特に窓がなく
換気扇だけの
浴室などは、
換気が追いつかず
湿気がこもって
しまいがち
換気扇を回しつつ、
ドアを開けて風の
通り道を作ると、
効率よく換気する
ことができます

たまには、浴室のしっかりお掃除

水アカはもちろん、排気口や換気扇など、空気の通り道につくホコリにも気をつけてお手入れしましょう。洗剤やカビ取り剤を使うときは、換気扇を回すことも忘れずに。

1 湯を全体にかけてスポンジかパッドで洗う

浴室全体にシャワーで湯をかけ、室内の温度を上げて汚れをゆるませる。壁や床をスポンジかパッドでなで洗いする。黒カビが生えている場合は、カビ取り剤を塗ってスポンジでこすり、水で十分に洗い流した後、中性洗剤で再度こすり洗いと洗い流しを行う。

2 目地の汚れに「お酢パック」

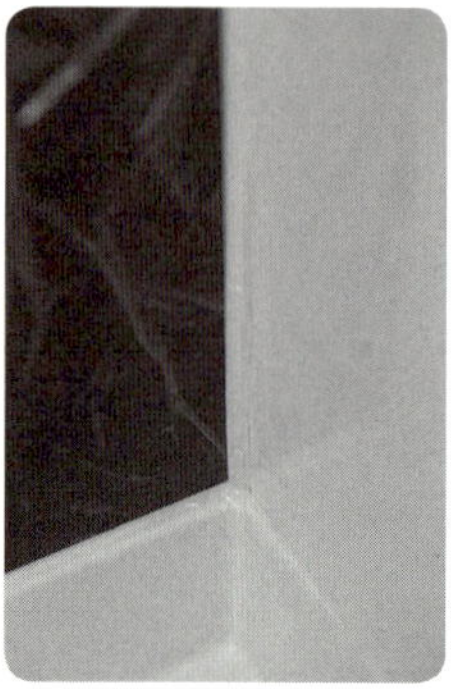

タイルの目地につく白い汚れは、シャンプーや石けんカス、皮脂などのたんぱく汚れ。たんぱく質を分解する性質を持つ酢をかけた上からラップやティッシュペーパーをかぶせ、しばらくおいてからスポンジでこすり洗いする。

3 ダイヤモンドパッドで鏡を磨く

ダイヤモンドパッドを濡らし、鏡に中性洗剤を少しつけてすべりをよくして、円を描くようにして鏡を磨く。その後、シャワーを上からと左右からの3方向からかけ、汚れをていねいに洗い流す。

4 スクイージーで汚れ落ちをチェックする

浴室内を洗い終わったら、スクイージーを上から下へかけて水滴を払い落とす。このとき、バスタブやタイルの目地などに汚れが残っていないかも確認する。

5 シャワーヘッドを セスキ水に浸けおきする

洗面器に水を溜めてセスキ炭酸ソーダを溶かし、シャワーヘッドを浸けおきする。その後、ヘッドやホースをスポンジでこすり洗いする。

6 竹串でヘッドの 目詰まりをチェック

シャワーヘッドの穴部分にはカルキ汚れなどが溜まりがち。竹串やつまようじで傷つけないように注意しながら汚れをほじり取る。

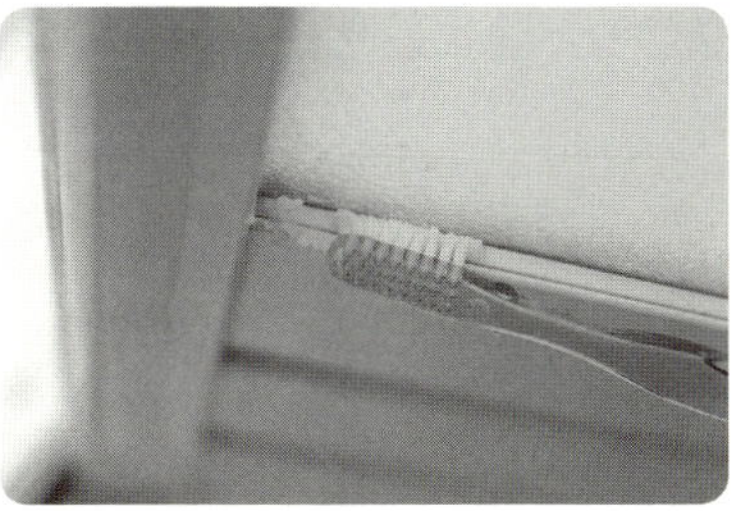

7 ドアの黒ずみは 外側から

ドアは汚れの少ない外側(脱衣所側)→内側の順に掃除する。全体をタオルで水拭きし、細かい部分は歯ブラシでこする。内側はさらにシャワーで湯をかけて汚れを洗い流す。

8 排水口をブラシで こすり洗い

排水口はフタを外してゴミを取り除く。重曹を振りかけ、歯ブラシとパッドでこすり洗いした後、シャワーで汚れを十分に洗い流す。最後にフタを元に戻す。

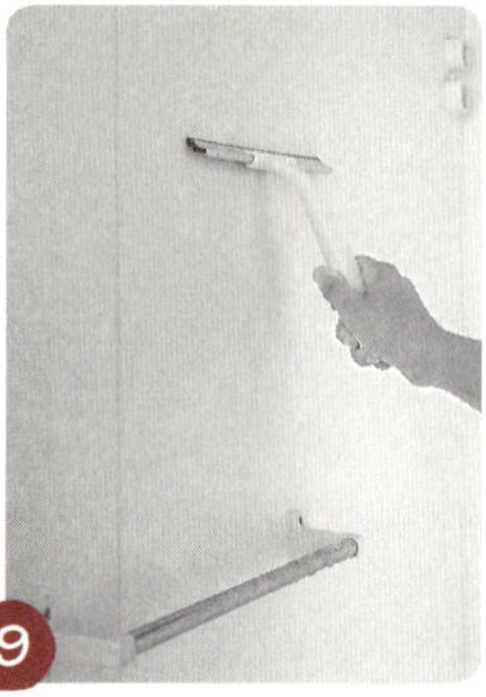

9

壁の水滴を取る

汚れを洗い流した後は、壁にスクイージーをかけるか、タオルで乾拭きして水滴を取る。

10

換気扇のホコリを取る

換気扇の電源を切り、フィルターを外して本体の部分をぬるま湯で絞ったタオルで拭きホコリを取る。食器用洗剤(中性)をつけたタオルで拭き、乾拭きして仕上げる。

ピンクカビ、黒カビ……
ボトル容器も洗わないとカビの温床に

シャンプーなどのボトルを床やバスタブの縁に置きっぱなしにすると、底にヌメリやカビがついてしまいます。水ぎれのよいカゴやラックに入れ、直接床や壁に触れないように注意しましょう。液状ソープを詰めかえながら使っている方も多いと思いますが、新しいものを上からつぎたして使いつづけるのは衛生上、好ましくありません。ボトルがからになったらブラシで内部をよく洗い、しっかり乾燥させてから次のソープを入れましょう。

わが家はボトル類はカゴに入れ、ふだんは脱衣所に収納。入浴のときだけ浴室に持ち込むようにしています。

せっかくの洗濯がだいなしに

洗濯機のカビにも要注意！

洗濯は毎日しても、洗濯機の汚れには無頓着になっていませんか？
洗濯機自体が汚ければ、せっかく洗濯した衣類にも汚れが移ります。

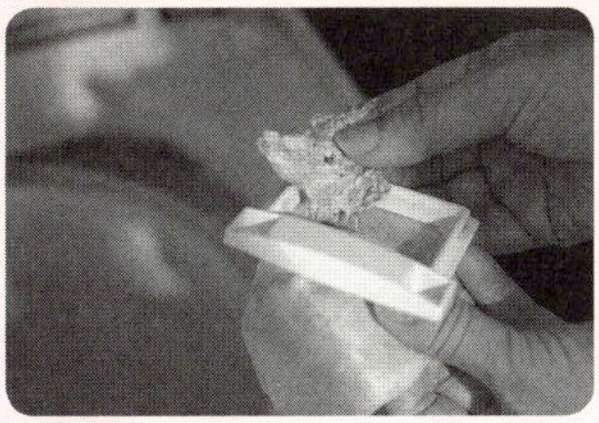

ダストキャッチャーは使うたびに洗って干す

ダストキャッチャーに汚れが溜まると目詰まりのもとに。使用後は洗って糸クズなどを取り除き、吊るし干しにして乾燥させます。

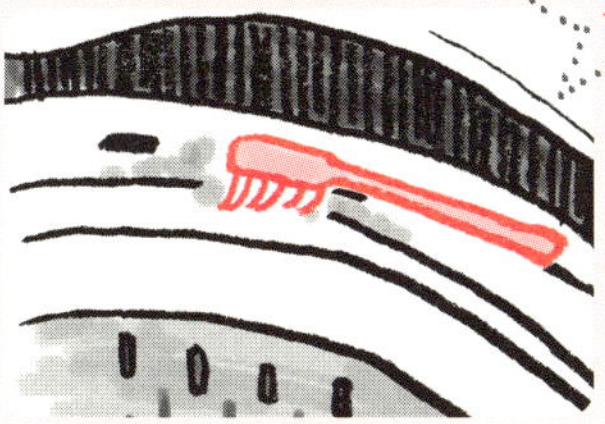
洗濯槽のサイドも拭く

洗濯時に水のかからない部分を洗う

洗濯槽のへりやフタの上は洗濯機を回しても水がかからないので、歯ブラシでこすり洗いした後、タオルで水拭きして汚れを取ります。

洗いがえを用意しフックに吊るして干す

ダストキャッチャーは複数買うことをおすすめします。片方を洗って干しておくあいだも、もう1つあれば余裕をもって洗濯できますから。

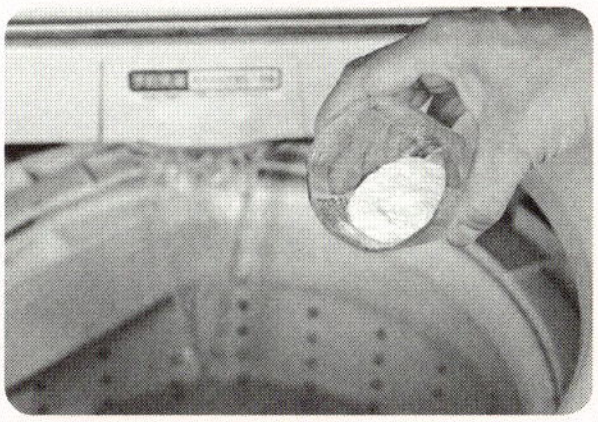

洗濯槽に重曹を入れて浸けおき洗いする

洗濯槽いっぱいにぬるま湯を張り、重曹を投入(汚れに応じて量を調整)。３～４時間ほど置き、その後、洗濯機をコース運転して内部を洗浄。

ちょっとした「ついで」にチェック！

洗面所の「ついで掃除」――これだけでOK！

洗顔やメイクを行う場所が汚れていたら、顔や髪にも汚れがついてしまいます。小物も含めて、いつでも清潔にキープしましょう。

1 洗面ボウルを洗う

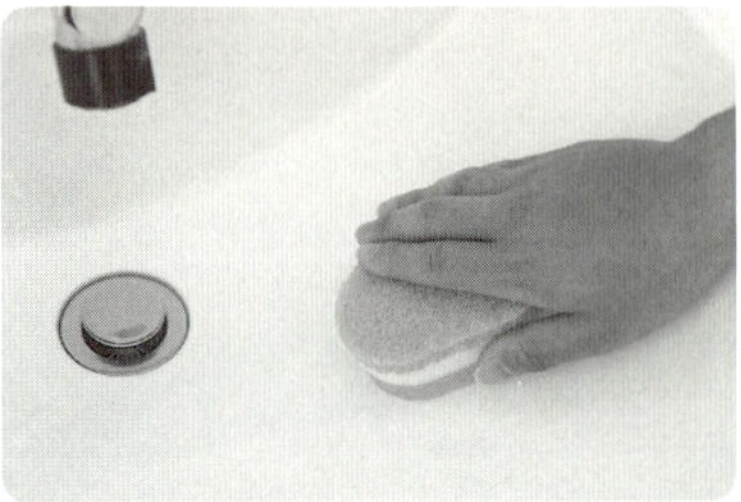

洗面ボウルをスポンジでなで洗いします。毎日こまめに掃除するなら、水で流すだけでだいたいの汚れは落とせます。近くにスポンジを置いておき、気になったらすぐに洗えるようにしましょう。

2 鏡＆水栓器具を拭く

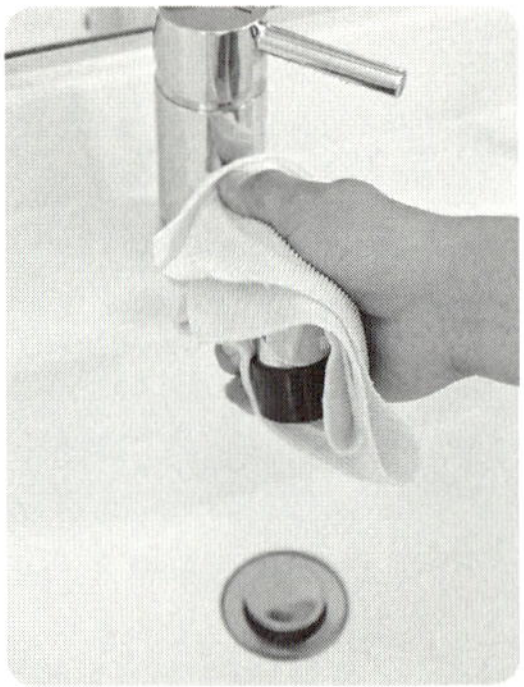

鏡や水栓器具の金属部分は、特に水アカや石けんカスが残りやすい場所。くもりがなくなるまでマイクロファイバー製クロスで乾拭きします。ここがきれいだと、全体に清潔感が出ます。

洗面所を快適にする新津家のプチ工夫

洗面台の棚にカレンダーを敷く

濡れた手で歯ブラシなどを出し入れするため、汚れがつきやすい棚。汚れ防止に棚板サイズに切ったカレンダーを敷き、月1回交換します。

除湿剤を置いて乾いた状態をキープ

どうしても湿気のこもりやすい場所なので、除湿剤を置いています。できるだけ乾燥した状態をキープすることが、カビや菌の繁殖を防ぎます。

マイクロファイバー製のクロスをタオルかけに

洗面所を使うたびにボウルや鏡をサッと拭けるように、マイクロファイバー製クロスを洗濯ばさみで吊るしています。週に1回、洗濯します。

❸ 排水口の汚れをチェックする

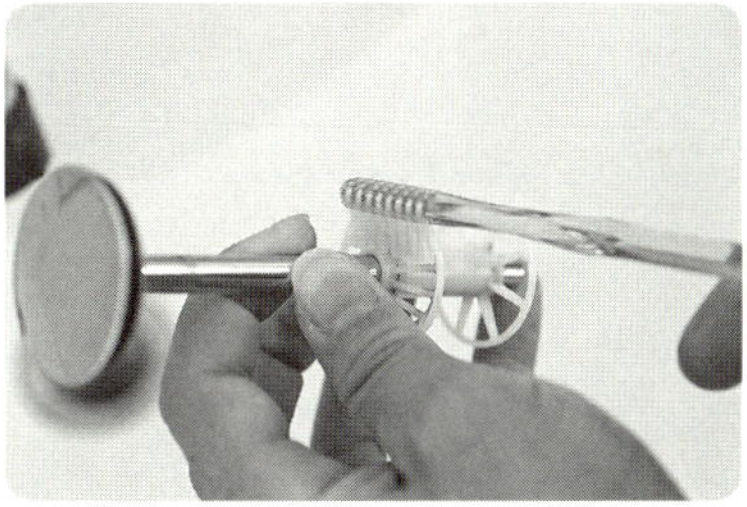

排水口の周りやパーツに汚れがついていないか確認。カビやすい箇所なので、注意が必要です。基本は歯ブラシでこすり洗いし、歯ブラシの入らない細かい部分の汚れはつまようじで取ります。

❹ 床のホコリ＆髪の毛を取る

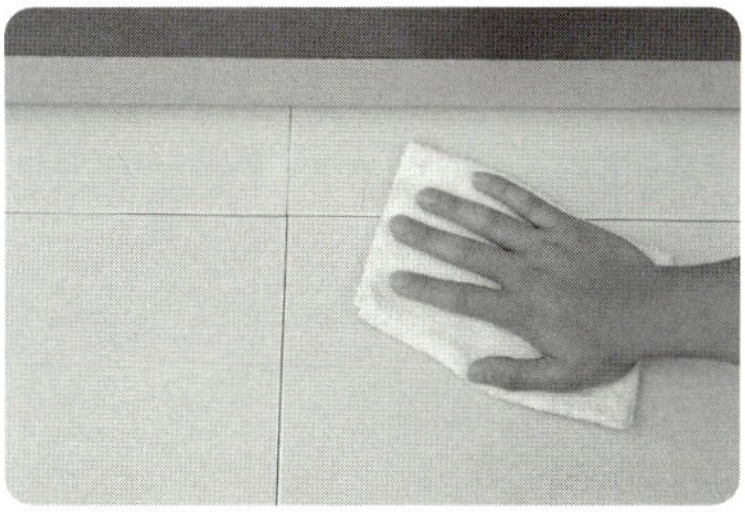

洗面所の床は、髪の毛や洗濯で出た繊維クズなどで毎日ホコリが溜まります。湿度の高い場所で汚れが水分を含んでいるため、掃除機で吸い取るのはおすすめできません。タオルで水拭きしましょう。

たまには、洗面所のしっかりお掃除

洗面ボウルの排水口や水位穴など、いつものサッと掃除では取りきれない汚れを中心にお手入れします。最後に全体をチェックするのもお忘れなく。

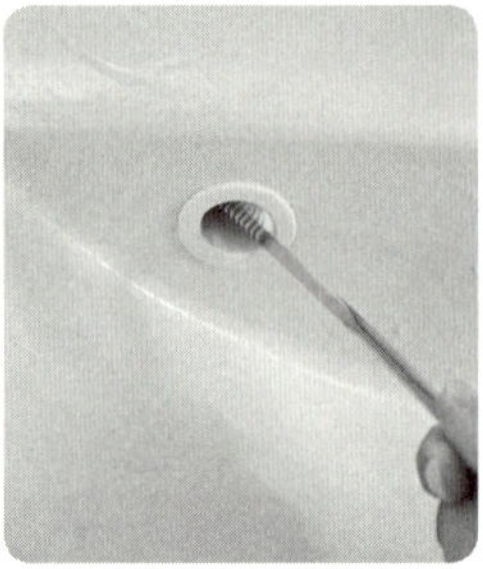

1 水位穴は定期的にブラシで洗う

濡らした歯ブラシに重曹を少量つけ、水位穴の周りを洗う。水アカがつきやすい場所なので、定期的にチェックを。

2 排水口は歯ブラシでヌメリを取る

排水口やその周りを歯ブラシでこすり洗いする。ここは汚れが流れて集まる所なので、ほうっておくとドロドロした汚れになって悪臭のもとに。

3 収納棚を拭く

中のものをすべて出し、内部を水拭き。収納するものも表面をタオルで拭き、汚れや水分を取ってから元に戻す。

4 壁の汚れを角度を変えて確認

壁に水や洗剤の飛び散り汚れがないか、チェックする。特に白壁だと正面からは汚れが見づらいので、壁に近寄り、斜めから透かすように見て確認する。

汗や皮脂汚れには雑菌がいっぱい！

毎日使う「小物」も衛生的に

竹串ですきま汚れを取る

ブラシやクシの歯のあいだに詰まった髪の毛や細かい汚れは、とかした髪にまたついてしまいます。竹串で引っぱり出すようにして取り除きます。

ブラシやクシは重曹に浸けおき

洗面器に湯を溜めて重曹大さじ１を溶かし、ブラシやクシを浸けおきします。湯の中で振り洗いしたらしっかりすすぎ、風通しのよい場所で乾燥させます。

ヘアアクセサリーは優しく拭く

バレッタやヘアピンは、外した後早めにぬるま湯の中で歯ブラシとつま楊子を使っててていねいに皮脂や汚れを取り、マイクロファイバー製クロスで優しく拭き取ります。装飾などの細かい部分は傷つけないよう、綿棒でていねいに。

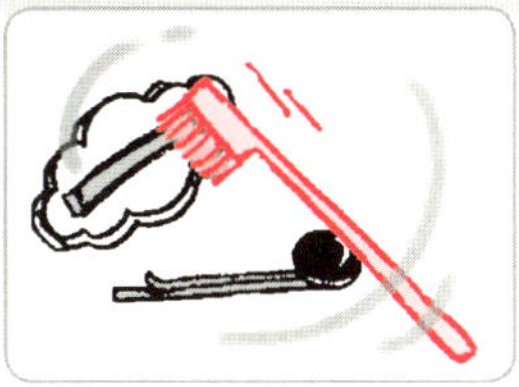

メイクブラシやスポンジは中性洗剤で洗う

直接肌に当てるスポンジが汚れていては、雑菌を顔に塗りつけるようなもの。食器用洗剤(中性)を水に溶かして浸けおきし、もみ洗いしてすすぎ、乾かします。

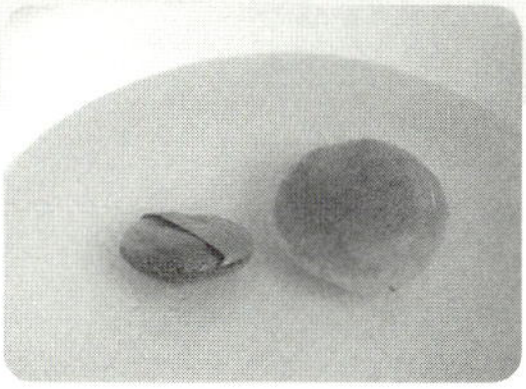

新津の極意

トイレの「ついで掃除」――これだけでOK!

床や壁の汚れをチェック
尿のしぶきやホコリが溜まりやすい床や壁の下部は、毎日汚れをチェック!
特に塩化ビニール製の床は尿で黄変するので注意!
タオルで水拭きするか、アルコール消毒剤つきのウェットシートで拭いて
ニッ
便器の気になる汚れをオフ
同様に便座や便器の縁、フタなどに汚れがついていないか確認し、水拭きまたはシートで拭く
便器は使用後に汚れに気づいたら、その場で落とす習慣をつけるとがんこな汚れを防げます
OFF!!
手洗いボウル＆鏡を拭く
手洗いボウルにホコリがついていたら、スポンジに食器用洗剤（中性）をつけてこすり洗いします
鏡はマイクロファイバー製のクロスで水拭きの後、乾拭きしましょう!
マイクロファイバー製クロス

たまには、トイレのしっかりお掃除

トイレの雑菌を増やさず、家の他の場所へ移さないためにも週に2回は徹底的にお掃除を。しっかりお手入れすれば、ホテルのような清潔感のあるトイレに。

トイレの掃除道具は重曹でお手入れ

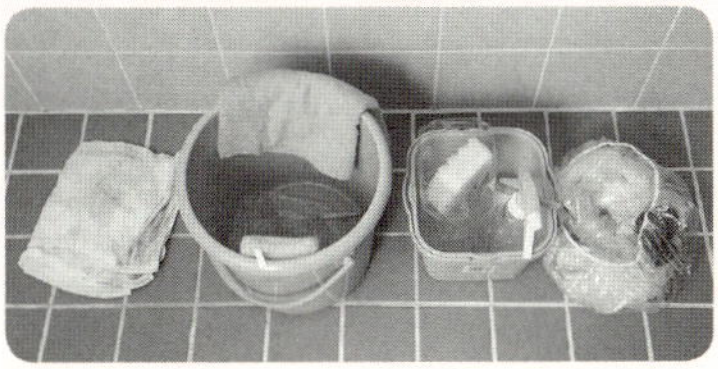

衛生上、トイレで使う道具はトイレ専用に。使用後にバケツやサニタリーの洗面ボウルに水を溜めて重曹を溶かし、浸けおきします。その後、水洗いして天日干しし、完全に乾かして次の掃除に備えましょう。

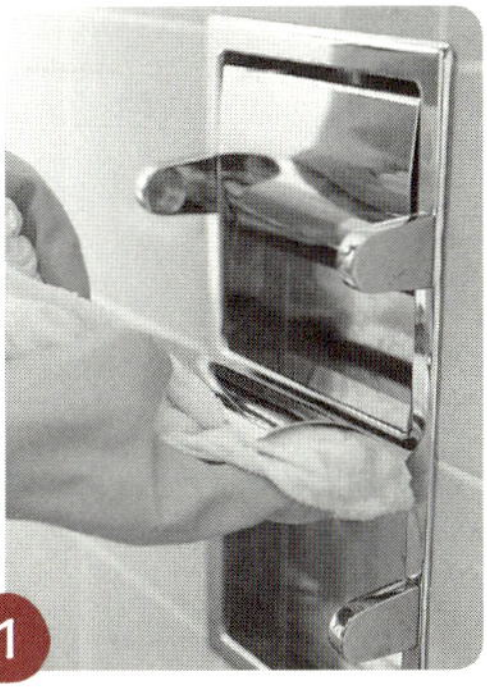

1

ペーパーホルダーの芯を外す

トイレットペーパーごとホルダーの芯を外し、タオルで水拭きする。

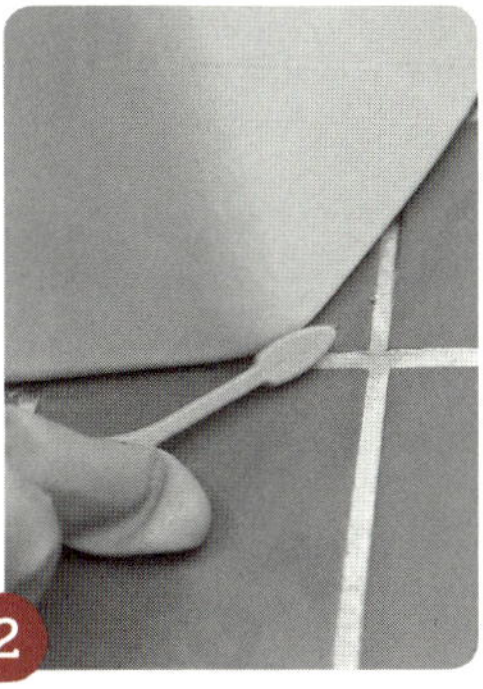

2

便器と床のすきまを歯ブラシでこする

特に便器と床の境目は尿のしぶきやホコリが溜まりやすいので、セスキ炭酸ソーダを溶かした水に浸けた歯ブラシで磨き、乾拭きする。

3

壁を水拭きする

壁の特に床から１ｍぐらいまでの下部は、飛び散った尿などで汚れやすい。タオルで全体を水拭きする。

4

便器の水を流してセスキを入れる

まず水量を大にして流す。水が止まるまで待ち、水たまりにセスキ炭酸ソーダを小さじ２投入する。

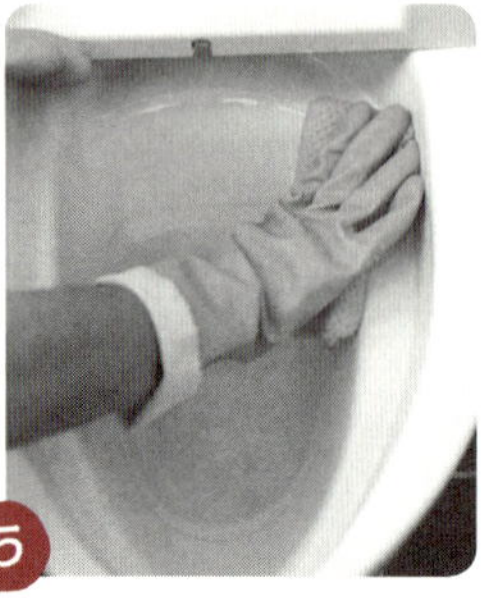

5

便器の内側と奥を洗う

セスキ水に編みスポンジを浸けて、便器の内側をこすり洗いする。水たまりの奥は歯ブラシを差し込み、回転させてこする。

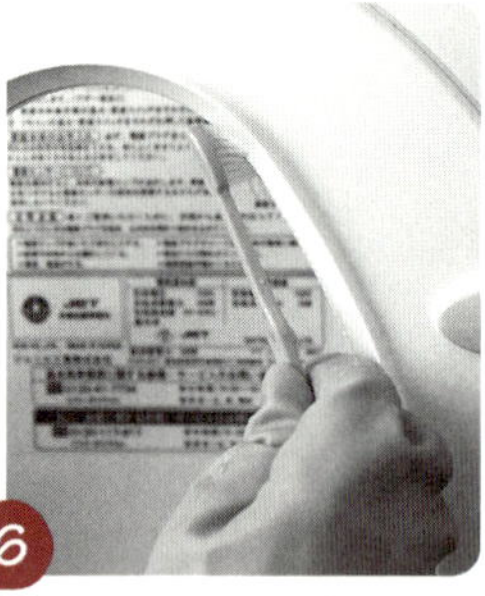

6

細かい汚れを歯ブラシで取る

便座の縁裏など入り組んだ部分の汚れは、歯ブラシでかき出す。また、便器の輪ジミは竹串で削り取る。

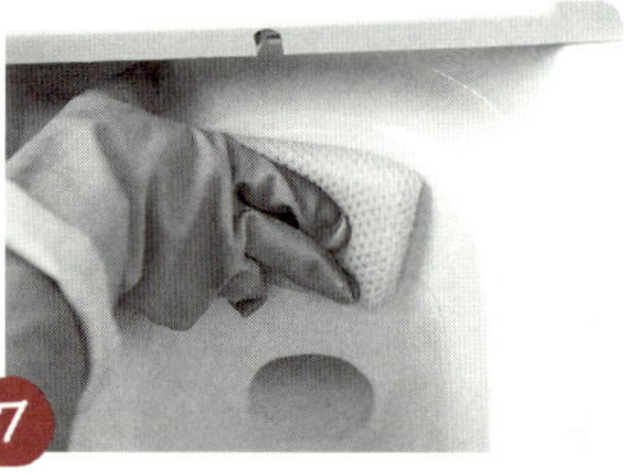

7

がんこな汚れを落とす

⑤⑥で落としきれない汚れは、クレンザーをつけてこすり洗いする。

※便器のフタや温水洗浄便座のノズルはポリプロピレンなど樹脂製なので酸性のトイレ用洗剤は使用できません。
※便器洗浄に酸性のトイレ用洗剤を使用する場合は排水管を傷めるので１か月に１度程度の使用をめどに。

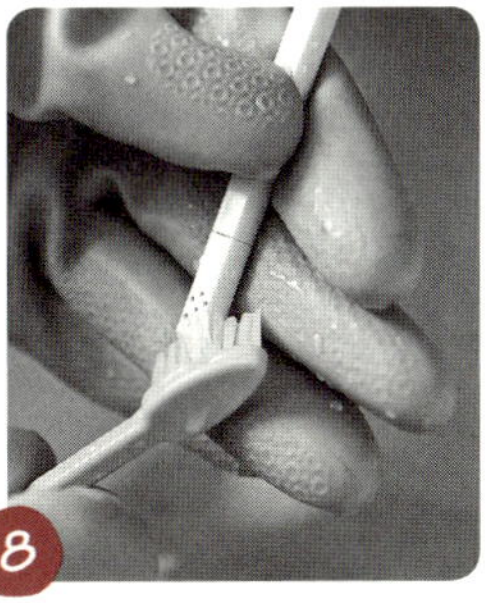

8

ノズルの汚れを落とす

温水洗浄便座のノズルは片手で根元を押さえて折れないようにし、スポンジで奥から手前へ洗う。噴水口は歯ブラシでこする。

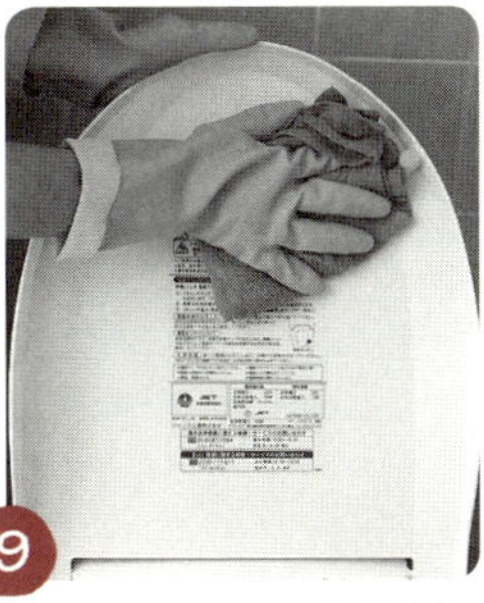

9

便座とフタを拭く

タオルを事前に作っておいたセスキ水に浸けてかたく絞り、便座の表→フタの内側→外側→便座の裏の順に拭く。便座にはゴムが使われているので、変色を防ぐため必ず乾拭きもする。

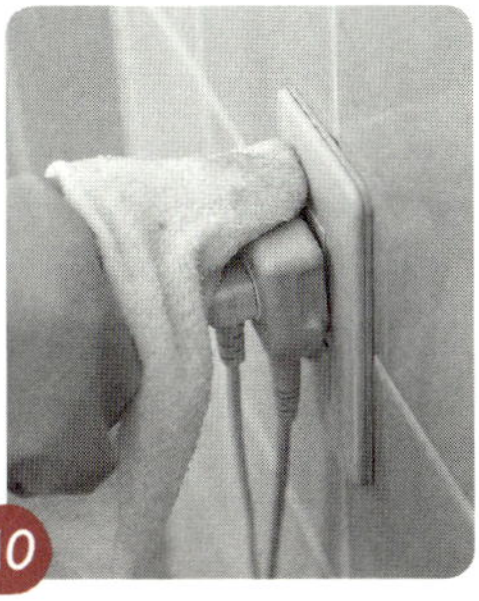

10

手で触る部分を乾拭きする

ペーパーホルダーや温水洗浄便座のスイッチなど、よく触る部分をタオルで乾拭きする。コンセントやコード、便座裏に４か所ほどあるふくらみも忘れずに拭く。

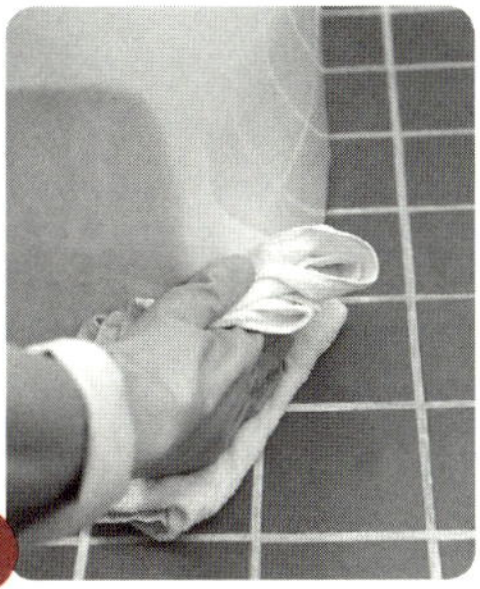

11

床全面を水拭き＆乾拭き

床全体をタオルで水拭きする。その後、全体→便器と床の境目の順に乾拭きして仕上げる。床がタイルなら、乾拭きの前に目地をデッキブラシでこする。

12

手洗いボウル＆鏡を拭く

スポンジに食器用洗剤（中性）をつけて手洗いボウルをこする。鏡はマイクロファイバー製クロスで水拭き→乾拭きする。

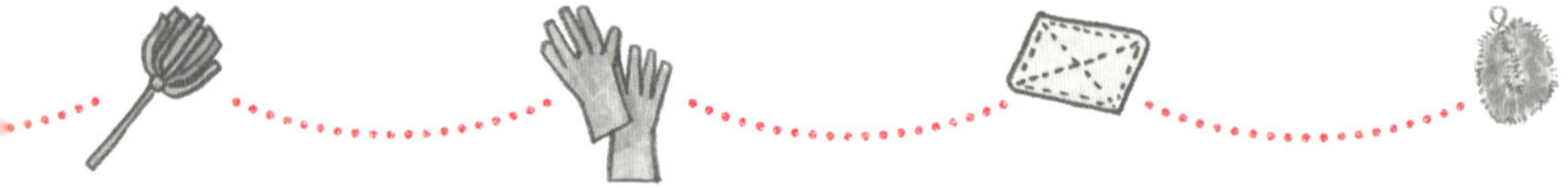

トイレは ニオイ対策 を万全に

トイレのニオイはほうっておくと、狭い室内にこもって壁紙が吸収してしまいます。日頃からのお手入れで、スッキリさわやかな空間を目指しましょう。

備長炭で消臭する

備長炭をトイレに置くと、消臭に役立ちます。炭に無数にあるごく小さな穴がニオイを吸収してくれるのです。カスがこぼれないようにトレーなどに入れると、掃除のときもラクです。

使わないときもフタやドアを開ける

便器のフタを閉めたままにすると、水に雑菌が繁殖しやすくなります。空気に触れさせるため、使わないときも開けておきましょう。わが家では換気のため、ドアも開けておきます。長期不在時は酸性のトイレ用洗剤10ccを水にたらすと洗うときにラク。

週に１度は周辺の小物を洗う

トイレットペーパーホルダーや便座カバー、マットなどのトイレ周りのアイテムも、汚れがついています。週に１度はこれらもいっしょに掃除・洗濯して、清潔に保つようにしましょう。

エッセンシャルオイルをトイレットペーパーに

好きな香りのエッセンシャルオイルをトイレットペーパーに数滴たらせば、場所を取らない芳香剤のできあがり。いい香りでリラックス度がアップします。

旅行先では細かいところまで
プロの目でチェックして仕事に生かします

便器の縁裏まで
鏡を使ってチェック

プロの清掃員は便器の縁裏など見えにくいところの汚れを見るために、手鏡を常備しています。「見えないからいい」ではなく、「見えないからこそきれいに」という気持ちが大事です。

旅行が趣味で国内のあちこちに泊まってきましたが、プロの清掃員の習い性か、旅先の宿ではトイレまで細かくチェックしてしまいます。きれいに清掃できているか、ニオイは残っていないかなどをひとつずつ確認し、アンケートのある宿ではびっしりと書いて渡すことも。なぜそこまでこだわるかといえば、チェックを通して自分の仕事の再確認もできるからです。他の人の清掃の仕方を見ると、新しい発見や気づきがあって、自分が清掃をするときの参考になります。そうして努力しつづけることで、もっと清掃のスキルを高めていけるのではと思うのです。

気づきにくい汚れも
プロには見えています

天井の排気口

目線より上にあるので気づきにくい場所です。空気の通り道にはホコリがとてもつきやすいので、定期的にチェックを。

温水洗浄便座のコード

できたばかりのホコリは白く、白いコードにつくと見えにくく、気づきにくいです。掃除のたびに拭くようにしましょう。

ドアノブ

１日に何度も手で触れるので皮脂などの汚れがたっぷりついています。〝ついで掃除〟でこまめに水拭きします。

サニタリーボックス

特にフタは汚れやすいので注意が必要です。内部に新聞紙を敷いて使うと、消臭とともに虫よけ効果も期待できます。

COLUMN

急な来客時に要チェック！

座った位置での「目線」と「光りもの」

不意な来客には、直前に10分でも対策すれば印象が変わります。ポイントは玄関、リビング、トイレの3つ。まずリビングでは、ソファに座ったときの目線の高さで汚れやじゃまなものがないかをチェックします。玄関やトイレは、金属部分や便器、鏡など光沢のある箇所がピカピカなら全体がきれいに見えるので重点的に掃除。

最後にニオイ対策に芳香剤をセットするか、香水を吹きかければ安心してお客様を迎えられます。

トイレのチェックポイント

- ドアノブを磨く……………………☐
- 鏡＆手洗いボウルを拭く…………☐
- タオルを取りかえる………………☐

便器や手洗いなどお客様が使う箇所で、特に光る部分を磨きます。タオルは新しいものに交換します。

リビングのチェックポイント

- ドアノブを磨く……………………☐
- テーブルを片づけて拭く…………☐
- 床(足元)のものを片づける………☐

床やテーブルによけいなものがあれば片づけます。キッチンとの境にはカーテンがあると視線や汚れを遮れて安心。

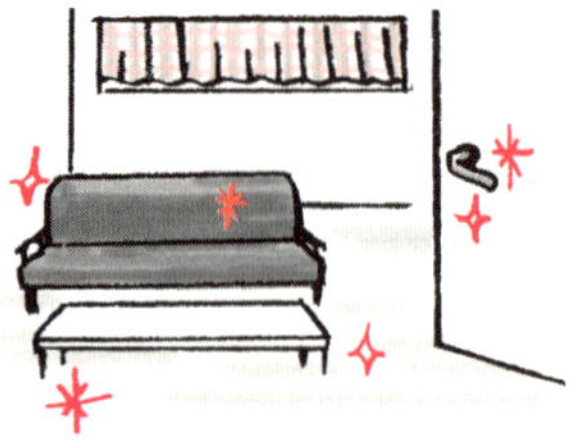

5章

家の印象をグンとアップ

玄関・ベランダ・庭の掃除

虫や土など、外と接している場所ならではの
汚れに悩まされがちな場所。
緊急時の避難通路や退避スペースでもあるので、
物は少なく、スッキリを心がけましょう。

新津の極意

玄関の「ついで掃除」——これだけでOK!

靴の脱ぎ履きやアウターの脱ぎ着をする玄関には、毎日汚れがつきます
特にニオイは慣れると気づきにくいので、ポイントを押さえて汚れを取り、対策しましょう!
出している靴をしまう
なんで冬にサンダルが!?
出しっぱなしの靴はすぐに、履いたばかりの靴は風に当ててから、下駄箱の中にしまいます
棚板に新聞紙を敷くと、泥や砂がついた靴を入れても棚板を汚さずにすみます
新聞紙
たたきのホコリを取る
ズオー
掃除機でゴミやホコリを吸い取ります
ホウキを使う場合はホコリが宙を舞わないよう、ていねいに行いましょう

ドアノブを水拭きする
ドア1枚をまるまる掃除するのは大変なので、日頃のお手入れはドアノブ周りのよく触る部分を中心に！ドアノブはタオルで包み込むようにして拭き残しのないように気をつけて
たたきの四隅を湿り拭き
ホコリや汚れはたたきの中でも特に四隅に溜まるので、重点的に拭きます
ホコリを多く含む汚れは、水分の少ない湿り拭きをすると効率的に取り除けます
玄関がきれいだとお出かけも帰宅後も気持ちいい！
玄関は家の顔！

汚

玄関では人を呼べない！

ゲストをお迎えできるすがすがしいスペースづくりを

玄関といえば、家の「顔」。来客が一番最初に触れる場所ですから、ここが汚ければおもてなしの心を感じることはできません。靴や傘だけでなく、おもちゃやスキーグッズまで押し込んだ玄関は、見た目に美しくないのはもちろん、いざというときにスムーズに通り抜けられない点で危険でもあります。1日3分掃除するだけでも、毎日続ければ見違えるほどきれいにできます。狭い玄関は掃除の効果も見えやすいので、やる気が続きますよ。

玄関は「汚れの巣」掃き掃除だけでは不十分

主な玄関汚れ

●泥＆砂
靴裏についた泥や砂が玄関に落ちる。泥に含まれる鉄分が酸化するとシミになることも。

●ホコリ
家の内と外、両方からホコリが落ちて溜まりがち。特に扉の枠に残りやすいので注意。

●髪の毛
アウターを脱ぎ着する玄関には、特に髪の毛が落ちやすい。掃除機でこまめに吸引が必要。

●手アカ
開け閉めするドアノブはもちろん、手をつく下駄箱の天板など玄関は手アカがつきやすい。

●花粉
外出時に衣類についた花粉が持ち込まれたもの。室内に入れないよう、玄関で取り除きたい。

玄関は部屋ではなく「通路」です

防犯・防災上、モノはよく履く靴や傘など必要最低限しか置かないようにしましょう。目安として、緊急時に走って通れるぐらいのスペースは空ける必要があります。ドアののぞき穴（P130参照）は小さくて掃除の際に見落としがちですが、くもらせないようきれいに磨いておきましょう。

「人の通り道」は「幸せの通り道」

美 玄関のルール

「出したらしまう」を習慣に

「何人家族!?」と思ってしまうほど、たたきにたくさんの靴を出しっぱなしにしていませんか？　使ったばかりの靴や傘は風を通してから、それ以外はいつもしまっておくことを習慣に。

履かない靴はゴミと一緒

履かずに置きっぱなしにされた靴は、ただニオイを放つだけの存在です。履かなくなってしまった靴をこの先履くことは、残念ながらないはずです。潔く処分しましょう。

濡れたものは置かない

酸性雨に濡れたものはニオイを放つので、乾燥してから収納を。ただし濡れた傘や靴を狭い玄関で乾かすとニオイやカビのもとになるので、ベランダや浴室で乾かしてから戻しましょう。

手足が触れるところを重点掃除

ドアノブや下駄箱の扉や天板など、よく触るところは汚れが集中します。汚れが目につかないうちに掃除するのが、一番のケア。2日に1度はぬるま湯に濡らして絞ったタオルで水拭きを。

下駄箱にニオイをこもらせない

狭いスペースに靴が並ぶので、閉めきったままではどうしてもニオイがこもりがち。私は毎朝、下駄箱の扉を開けた状態で出勤しています。常に風通しのよい状態を心がけましょう。

郵便物をちょい置きしない

後で確認しようと郵便物を置きっぱなしにすると、そこからどんどん溜まります。私は郵便受けから家への間にチェックし、不要なものはゴミ箱へ入れて玄関で溜めないようにしています。

夏物・冬物で分けて収納する

靴は春夏用・秋冬用に分け、オフシーズン中はクローゼットなど他の場所へ移して収納しましょう。玄関に置いていいのは「いつも使っているもの」とルールを決めるとスッキリします。

家の顔を小さな部分までスッキリと!

玄関周りの設備や小物も、お手入れひとつで見た目や持ちに大きく差がつきます。小さな部分でもきれいにすると気持ちにも余裕が生まれます。

ドアののぞき穴

ガラスがくもらないように水拭きして、乾拭き。内側の細かい部分の汚れは、つまようじなどで傷つけないよう注意しながらていねいに取る。

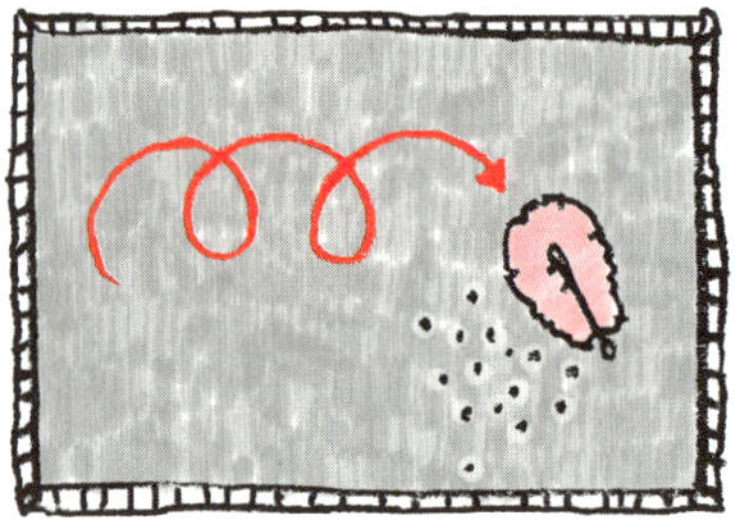

室外用玄関マット

外でマスクをし、たたいてホコリを払い、ホースで水をかけて汚れを洗い流す。粉洗剤をかけて亀の子ダワシで円を描くように洗い、水でよく洗い流す。吊るして自然乾燥させる。

玄関ドア

ぬるま湯につけて絞ったタオルで拭く。平面は枠を取って(P50参照)拭き、乾拭きして仕上げると金属部分にツヤが出る。

スリッパ

裏面は汚れやすいので毎日拭く。綿やウールのスリッパは内側は汗で汚れるので、粉洗剤をかけて手でこすり合わせて洗い、水で流す。人工皮革はアルコール液で拭く。ビーズなど装飾部分は洗えないので注意。

表札

玄関ドアの外側を拭くときに、いっしょに拭く習慣をつける。マイクロファイバークロスで水拭きする。ニスが塗られている場合は、はがさないように注意。

観葉植物

葉にホコリがつきやすい。外に出し、大きい葉は1枚ずつ両側からタオルで水拭き。小さい葉はテーブルモップなどで払う。マスクと頭にかぶるホコリよけを忘れずに。

傘

濡れたままにするとワイヤー部分にサビが出たり、折り畳み傘だと生地に線のような跡がつく。使った後はすぐに浴室で水をかけ、汚れを洗い流してからしっかり乾燥させる。

たまには、ベランダ周りのしっかりお掃除

外と接しているだけに、泥汚れや排気ガス、木の葉などのさまざまな汚れが溜まります。濡れると固まって取りにくくなるので、定期的にお手入れしましょう。

1 窓枠の表面の汚れをブラッシング

窓の外側のサッシ表面のホコリを、上から下へブラシで払う。特にクモなど虫が巣を作りやすい場所なので、日頃から細かくチェックする。

水を含むとドロドロになって砂や土ボコリが取れにくいので、よく晴れた日に掃除するのがおすすめ。マンションなどの集合住宅でのベランダ掃除は階下の迷惑にならないよう注意して。

② レール周りのゴミが多いときは掃除機で

レールの内側もブラシで払う。端までゴミを集めたら、竹べらなどでかき出すか掃除機をかけて吸い取る。

③ 窓に洗剤を塗るようにして拭く

P99を参考に、窓ガラスを水拭きする。食器用洗剤(中性)を水3ℓに対し小さじ2入れて溶かし、タオルを浸してゆるく絞る。デッキブラシを包み(P94参照)、ガラスを上から下へ拭く。

④ 水拭き＆乾拭きで仕上げる

P100〜101を参考に水拭きし、その後乾拭きして仕上げる。サッシやレールも同様にする。

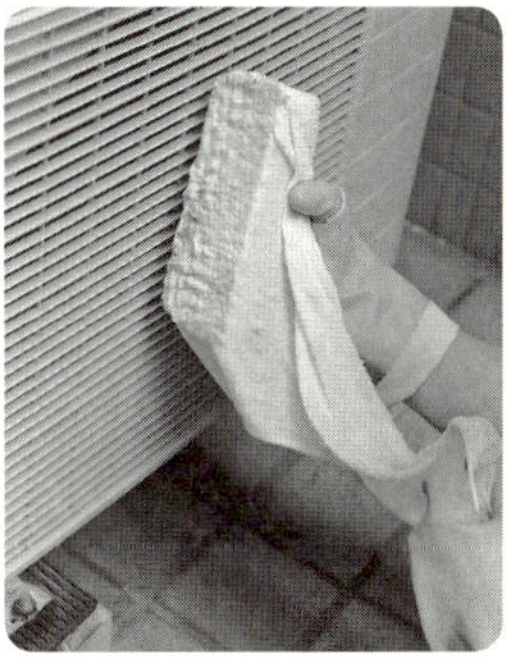

⑤ エアコンの室外機の表面を拭く

表面を濡れタオルで一方通行で拭く。水3ℓに食器用洗剤(弱アルカリ性)小さじ2を溶かし、タオルを浸してごく軽く絞り、デッキブラシのヘッド部に巻いて表面をなで拭きする。タオルで水拭きして仕上げる。

⑥ 手すりを水拭きする

ベランダの手すりはタオルで水拭きする。柵になっている場合はタオルで両側から包み込み、拭き残しのないように注意する。

⑦ デッキブラシで床をこする

床に洗剤液をまき、横向きに立ってデッキブラシを手前から奥へ動かしてこすり洗いする。窓の下はブラシを逆手に構え、手の届く範囲で左右に振るようにしてこする。水を少しずつかけて洗い流した後、自然乾燥させるかスクイージーで水けをきる。

8 ガーデニンググッズを拭いてひとまとめに

じょうろやスプレーボトルなどはタオルで水拭きし、汚れを取る。小物をベランダに直置きすると泥汚れやヌメリがつきやすいので、カゴに入れてまとめ、掃除しやすくする。

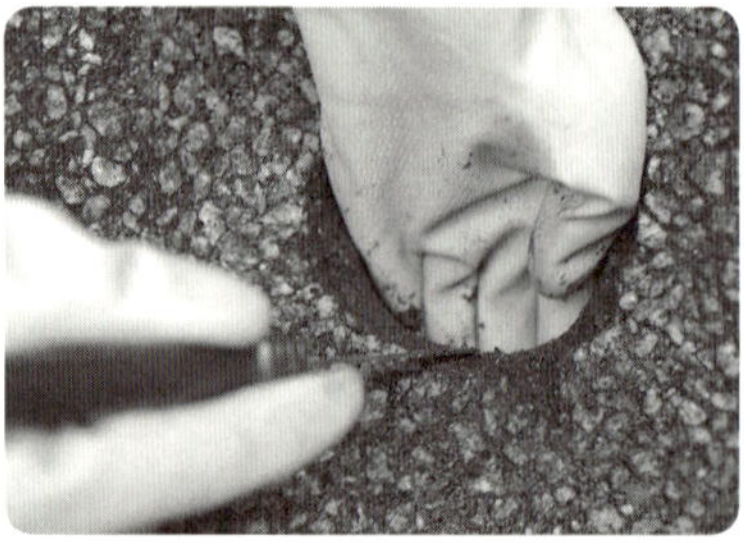

9 排水口のゴミを取り除く

他の箇所を掃除した汚れが溜まるので、排水口は最後に掃除する。フタを外せる場合は竹べらなどで外す。周辺にこびりついた髪の毛や泥を削り取る。

マンションのベランダの「非常用はしご」は家族を守るためきれいにします

集合住宅のベランダ部分には、いざというときに他の階へ避難するための非常用はしごが設けられています。特に床に埋め込まれたタイプの場合、避難ハッチの周りに物を置いたり汚れを放置したりすると、緊急時にスムーズに開閉できなくなることも。日頃から非常用はしごやその周辺はスペースを空けておき、定期的に掃除をしておきましょう。また、はしごが細くていざ使用するときに不安定なので、軍手と靴下を近くの箱に置いておくと安心です。

COLUMN

仕事で深夜に帰宅することも多いけれど

朝、掃除をすれば「今日も頑張ろう!」って思えます

空港の清掃の仕事は24時間4交代制。お客様の使わない深夜帯の勤務明けは、帰宅がときには深夜になることもあります。

でも、どんなに遅くに疲れて帰ってきても、朝の時間、いつもどおりに掃除することで気持ちをリセットしています。仏壇をキレイにして温かいお茶を飲み、掃除を始めるのが私の一日のスタート。掃除が足りない所はだんなさんがよくやってくれます。

自分たちで整えた部屋で今日も家族と心地よく過ごせる幸せ。

「掃除はすべての幸せにつながっている」――そんなふうに思っています。

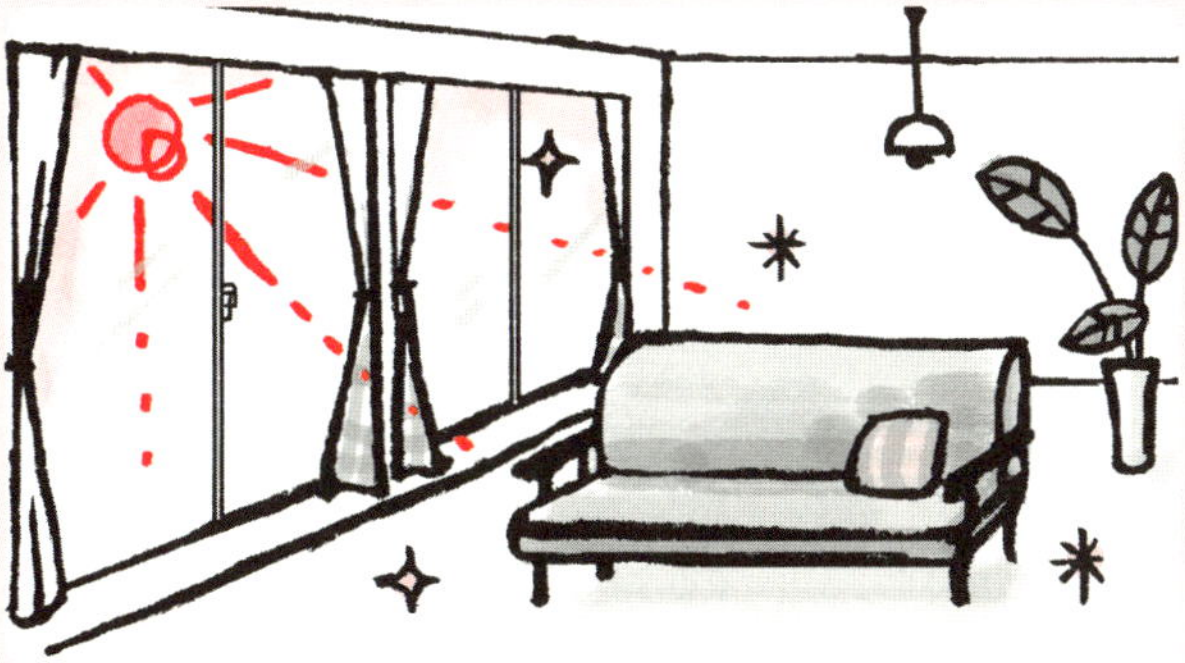

新津さんから教わったこと

家事で苦手なものといえば、ダントツ掃除！　夫婦共働きなのですが、「気づいたほうがやる」ルールのせいか、どちらも見て見ぬフリ。そして見るに見かねて掃除を始めるのはだいたい夫のほうから……というトホホ主婦っぷりです。

でも、こんなワタシでも掃除をやるときは、やるんです。やらないときと、やるときの差が激しいというか……大ざっぱなわりには、一度掃除スイッチが入るとしっかり終わるまで気がすまない性質。これが、掃除ギライになっている大きな理由でもあるんだな、と今回、新津さんから学びました。つまり、掃除の時間を作らなきゃ、やるならちゃんとやらなきゃ、と思うからストレスなワケで、もっと気軽に自由に掃除を考えたらいいのではと思ったしだいです。

掃除への前向きな気持ちが育っただけでも、自分にとっては大きな一歩。

あとは夫もうまく巻き込んで（！）、人を呼んでも恥ずかしくない部屋を目指します。

ふじいまさこ

脱・掃除ギライ！

きれいな家だと気持ちがいい〜！
ピカ
ピカ
今まで「どうせ私はずぼらだから」って言い訳してたけど
掃除道具を手に取りやすい場所に置くとか
「ついで」に「頑固汚れ」になる前にやっちゃうとか
「掃除のための環境」を整えるとこんなにラクなんですね！
おっと汚れ
掃除をすると身の回りはもちろん、心まですっきりしますよ！
これからは身も心も住まいもきれいにしていきます〜！
キラ
キラー
美

終わりに

「掃除ができるって、元気の証拠」です。

掃除は、気力や体力がないとできないものです。元気なうちはなかなか想像つかないのですが、年を取ると視力が落ちて汚れが見えにくくなったり、握力が衰えてブラシを握りにくくなったりしていきます。60代からは脚立を使った高所の掃除が不安になってきます。そしてだんだん体がついていかなくなると、やる気まで失われていきます。

私たちはいつまでも若くいられないし、いつケガをして自由に動けなくなるかもしれない。それでも、可能な限り自分の周りを自分で快適にして暮らしていきたいですよね。だから、〝気軽にきれいにできる掃除のコツ〟を、男女問わず、まだ体が元気なうちから覚えていけるといいな、と思うんです。

周りに体が不自由で掃除に困っている人がいるのなら自分で何かしてあげられることはないだろうか。掃除がおっくうになっている人がいたら、どうしたのかなって気づいてあげたいな。そして、こんなふうにラクな方法でもキレイになるんだってことを教えてあげたいな。

そんな思いもあり、この本では掃除を行う人になるべく負担をかけないやり方をご紹介しました。末永くみなさんのお役に立てれば幸いです。

これまで、掃除からいろんなことを教わってきました。今も掃除の現場は私にとって、職場であり学校です。

最近では、空港以外の清掃にもお声がかかって出向くようになりました。たとえば観光名所となっている「お寺」。多くの外国人観光客が訪れる場所であるという意味では、羽田空港と同じですが、歴史的建造物であるだけに材質を傷つけるなどのミスは許されません。とてもやりがいがあり、やはり今の仕事は天職です。

日本のおもてなしの心を掃除にのせて、今日もワクワクしながら現場に向かいます。

新津春子

新津さんとの出会い

NHK『プロフェッショナル 仕事の流儀』
ディレクター 築山卓観

「羽田空港に、日本一の清掃員がいるらしい」

そんな新津さんの噂を聞きつけたのは、2014年の秋のことでした。

その頃、『プロフェッショナル 仕事の流儀』という番組の制作に追われていた私。この出会いが、自分にこれほど影響を与えてくれるなんて、そのときは思いもしませんでした。

羽田空港のロビーで待っていると、にこにこ顔で新津さんが駆け寄ってきました。「日本一」と聞き、勝手に大柄でたくましい女性をイメージしていた私にとって、一見、凄みを見せない新津さんは正直意外でした。

そしてその半生はもっと意外。第二次世界大戦のときに中国に取り残された日本人を父に持つ、日本人残留孤児二世だというのです。「日本語ができないから仕事もなくて。でも言葉ができなくても清掃はできるからこの仕事をしてるの。たしかにきついし、まだ社会的地位も低いと思う。でも私は気にしてない、だって私はこの仕事が大好きだから」

その笑顔に一目惚れし、すぐに密着を開始しました。

まず驚いたのが、清掃に向き合う前の姿勢です。

朝、昼、夜と、休憩時間を使って行う筋力トレーニング。清掃に全力で向き合うための体力づくりだといいます。そして空港を歩くときもエスカレーターは使いません。「お客様の邪魔にならないよう」、新津さんはかたく誓っているそうです。

そして始めた清掃。新津さんはとにかく生き生きとして、清掃を心底楽しんでいる、まるで少女のようでした。わずかな汚れを数十メートル離れた所から見つけ、「あった！」と叫ぶと、嬉々《きき》として落としていくのです。使う洗剤は80種類を超え、自ら清掃道具を開発してまできれいにしようとするこだわりぶり。しかも、ただ目に見える汚れを落とすだけではありません。たとえばトイレに設置してある手の乾燥機は、「ニオイが残っているとだめだから」と、分解して中を清掃。その徹底ぶりは、床、ガラス、鏡、便器、あらゆるものに及び、まるで空間そのものを清掃しているかのようでした。

「心を込めないときれいにできないんですね。心とは、自分の優しい気持ち。清掃をするものや使う人を思いやる気持ちです。心を込めればいろんなことも思いつくし、自分の気持ちのやすらぎができると、人にも幸せを与えられると思うのね」

その、人を思いやる心は清掃を超えていました。ロビーで電車の磁気カードを拾えば、持ち主を探しに空港じゅうを駆け回ります。道に迷った人がいれば、率先して道案内。荷物で手がふさがっている人がいれば、先回りしてドアを開けて待ちます。たとえ自分が夜勤明けでふらふらでも、もっとお客様のためにできることはないか、どこまでも奥深く自らの仕事を突き詰めようとする姿がありました。

「空港は家と思っているんですよ。自分の家だと思っているんで、おもてなしをしないといけないんです。自分の家に、いつも来てくださいよって、リラックスしてくださいよって」

新津さんは、けっして順風満帆な半生を送られてきたわけではありません。残留孤児二世というだけで中国でも日本でもいじめにあい、帰国した際は十分な蓄えもなく、パンの耳を食べて過ごした日々もあったそうです。それでもけっして後ろを振り向くことはしない。誰に気づかれなくてもいい。誰に認められなくてもいい。ただこの場を使う人がきれいだって喜んでくれるだけで救われる。そんな新津さんに密着した1か月、私も自らの仕事の姿勢を見直す、充実した時間を過ごさせていただきました。

「菩薩のように心がきれいで優しい姿に感動しました」

「仕事の意味を失いかけていましたが、逆境に耐え、仕事に意味を見出しておられる姿に目が覚めました」

「どんな仕事でも心を込める。今までの私は少し傲慢であったことを反省しました」

「番組で新津さんが実践していた〝家庭での掃除法〟が参考になりました。メモしながら見ました」


放送後、視聴者の皆様からこうした手紙やメールが殺到し、本当に多くの反響をいただきました。さらに海外メディアの取材や講演会など、新津さんの生活はこれまで以上に忙しくなったそうです。


それでも新津さんは変わることはありません。

「お客様、何か私にできることはありませんか？」

今日もにこにこ笑顔で、空港を駆け回っているはずです。

新津春子　Niitsu Haruko

1970年、中国・瀋陽《しんよう》生まれ。17歳で来日、家計を助けるため高校に通いながら清掃の仕事に従事する。日本空港テクノ株式会社に入社後、全国ビルクリーニング技能競技会で最年少優勝。羽田空港の清掃を中心に手がけ、同空港が2013年、2014年、2016年と「世界一清潔な空港」に選出された功労者のひとりとして活躍中。2015年４月からは「環境マイスター」として、技術指導や知識伝達を中心とし、後輩の育成にあたる。現在約500人いる清掃員のリーダー。

●協力

日本空港ビルデング株式会社
日本空港テクノ株式会社

●スタッフ

デザイン／センドウダケイコ
漫画／ふじいまさこ
イラスト／スヤマミヅホ
写真／中川真理子
校正／K.I.A
編集協力／矢島亜沙美
編集／谷 知子

“世界一”のカリスマ清掃員が教える
掃除は「ついで」にやりなさい!

著　者　新津春子

編集人　新井 晋
発行人　倉次辰男
発行所　株式会社 主婦と生活社
東京都中央区京橋3-5-7
〒104-8357
TEL 03-3563-5058(編集部)
TEL 03-3563-5121(販売部)
TEL 03-3563-5125(生産部)
http://www.shufu.co.jp/
印刷所　大日本印刷株式会社
製本所　小泉製本株式会社

ISBN 978-4-391-14785-8

落丁、乱丁がありましたら、お取り替えいたします。
お買い上げになった書店か小社生産部までお申し出ください。